Die Kunst der Beatles

Ludger Storp

Let it out and Let it in

-

Die Kunst der Beatles

Bibliografische Information der Deutschen Nationalbibliothek: Die Deutsche Nationalbibliothek verzeichnet diese Publikation in der Deutschen Nationalbibliografie; detaillierte bibliografische Daten sind im Internet über dnb.dnb.de abrufbar.

Herstellung und Verlag: BoD – Books on Demand, Norderstedt

ISBN: 978-3-7557-3059-0

Coverfoto: René Magritte « Le fils de l´homme » (1964)

"You´re writing and ... it´s something magical, and sometimes there´s more meaning in it than even you thought there was ... "[1]

(Paul McCartney)

---

[1] Paul McCartney: The Lyrics. New York, 2021. S. 180.

Inhaltsverzeichnis

Anhang:

Vorwort

Den Anstoß zu diesem Buch gaben nicht die Beatles selbst, sondern eine Ausstellung von Monets Serienbildern in den 90er Jahren in London: dutzende Heuhaufen, Kathedralen und Seerosen nebeneinander. Ich bin dorthin gegangen, weil ich Monet „schön“ fand. Ich kam heraus mit dem Erstaunen darüber, welch ein Revolutionär für die Malerei er war.

Ich hoffe, dass dieses Buch einen ähnlichen Effekt für die Beatles erzeugen kann. Auch ihre Musik wird oft als „schön“ bezeichnet, aber als sonst nicht weiter bemerkenswert empfunden. Das Etikett „revolutionär“ wird eher in Verbindung mit anderen „progressiveren“ Gruppen benutzt. Ein innovatives Element, etwas Revolutionäres, ist aber notwendig, damit Kunst entstehen kann.

Und das ist ein weiteres Anliegen dieses Buches: zu zeigen, dass und wie Popsongs zu Kunstwerken werden können. Ein schwieriges Anliegen, da – wie bei Monet – die Werke doch so eingängig und einfach zu sein scheinen.

Damit verknüpft ist der Wunsch, die Forderung des Aristoteles von „prodesse et delectare“ zu erfüllen: etwas bereitzustellen, das zugleich Erkenntnisgewinn bringt und Spaß macht. Deshalb die vielen QR-Codes, die einen direkten Zugang zu den Beatles, aber auch zu Forrest Gump, Fawlty Towers oder den Bildern von Klaus Voormann ermöglichen und damit das reine Lesevergnügen multimedial unterstützen sollen.

Und so erklären sich auch die vielen Zitate, die man in diesem Buch findet. Denn natürlich gibt es Verbindungen zu Ideen, die andere auch schon angerissen haben. Diese sind zum Teil dermaßen genial, poetisch, witzig oder abstrus formuliert, dass es ein beträchtlicher Verlust für das Lesevergnügen wäre, würde man diese Gedanken nacherzählen, aber den Wortlaut paraphrasieren. Seien Sie einfach bereit für die Einladung des Sgt. Pepper: „Sit back and let the evening go – we hope you will enjoy the show!”

Could it have been anybody?

"The originality of that band continues to dumbfound me. I don´t know where they were drawing from, but it was such a magnificently original place."[2]

Die Originalität dieser Band macht mich immer wieder sprachlos. Ich weiß nicht, wo die Quelle ihrer Einfälle war, aber es war ein wundervoller Ort voller Schöpfungskraft.

Eine Antwort auf diese Frage findet man bei den Beatles selbst, nämlich in der Zeile aus „Hey Jude": „*Let it out / and let it in*". *Let it out* bedeutet: man muss auf seine eigenen Ressourcen und Talente zurückgreifen können, bereit sein, sich zu öffnen und eigene Begabungen Anderen zu vermitteln. *And let it in* erfordert die Bereitschaft, mit offenen Augen in seiner Umwelt Elemente zu entdecken, die die eigenen Anlagen stützen und fördern können, um solche Inspirationen dann im Kreislauf des neuerlichen *Let it out* kreativ zu verarbeiten. *Then you can start to make it:* daraus kann ein vielversprechender Schaffensprozess folgen. *To make it* ***better:*** in letzter Instanz wäre es nicht nur möglich, irgendetwas zu erschaffen. Vielleicht gelänge es, über den Satus Quo hinauszugehen und neue Einsichten zu ermöglichen. Das wäre dann Kunst. Denn damit das Produkt Kunst werden kann, braucht es ein innovatives Element. Kunst beeinflusst den Wahrnehmungsprozess des Betrachters (oder Zuhörers), eröffnet idealerweise neue Horizonte, verändert schließlich die Welt.

Dies sind Ansatzpunkte um die Frage von oben zu beantworten, warum die Produkte dieser Band ihre Zuhörer so

---

[2] Keith Urban: "What´s your favorite Beatles Song?" In: NEWSWEEK (Special Edition) „The Beatles". 2012. S. 89.

sprachlos machten, worin ihre Originalität liegt, was die Kunst der Verführung ausmachte. Und wie es gelang, aus Pop Kunst zu machen.

Damit verbunden ist eine zweite oft gestellte Frage:

„Could it have been anybody, really? ... If it had not been the Beatles, would it have been something else, the same but different, because circumstances, and television, and a new kind of audience, demanded it"?[3]

Hätte es tatsächlich jemand anderes sein können? ... Wenn es nicht die Beatles gewesen wären, wären es andere gewesen, genau so, nur eben anders, weil die Zeitumstände und das Fernsehen und ein neues Publikum es einfach so verlangten?

Wohl kaum. Dafür haben die Beatles zu sehr agiert – und nicht nur re-agiert auf Publikum und Medien. Für diese Meinung gibt es Unterstützung von sehr prominenter Seite. Steve Jobs hat gesagt: *"Somebody else could have replicated the Stones. Nobody could have been Dylan or the Beatles."*[4] (Andere hätten die Stones kopieren können. Keiner hätte Dylan oder die Beatles sein können.)

Sicherlich gehören zu einer so außergewöhnlichen Karriere wie die der Beatles die zwei Komponenten Talent und Glück. Ohne Talent (*Let it out*) könnten Melodien wie Yesterday, Hey Jude, Let it be etc. nicht entstanden sein. Und es gab auch glückliche Zufälle, die das Entstehen des Phänomens „Beatles" begleiteten. Dazu gehört natürlich, dass diese vier Charaktere – und besonders das Gespann Lennon / McCartney – sich überhaupt begegneten. Dazu gehört auch – von ähnlicher Wichtigkeit – dass die Vier dem kongenialen

---

[3] Paul Morley: „Imagine a world without the Beatles". In: The Observer, 06.09.2009.

[4] Matt Rosoff: "The Music And Books That Inspired Steve Jobs". Auf: Insider, 08.11.2011. https://www.businessinsider.com/steve-jobs-music-books-2011-11?op=1

Produzenten George Martin über den Weg gelaufen sind. Aber Glück allein reicht nicht, man muss das Glück auch ergreifen/begreifen, wenn es einem über den Weg läuft (*Let it in*). Das zeigt die Eingangsszene aus Forrest Gump.

(1) 0:30-2:30

Die Feder, das Glück, ist etwas Wertvolles, das der Himmel geschickt hat, dessen Weg nicht vorhersehbar ist. Die Feder streift Menschen, landet auf deren Autos, ohne dass diese etwas bemerken. Sie lassen sie achtlos weiter schweben. Nur Forrest Gump sieht in ihr etwas – im wahrsten Sinn – Bemerkenswertes.

John Lennon hatte das Glück, Paul McCartney zu begegnen – und er hat das Glück beim Schopf gepackt. Er hat selbst das Dilemma beschrieben, vor dem er stand: ohne Paul als alleiniger Kopf seiner Band Quarrymen weiter zu machen oder Paul als ebenbürtigen Partner in die Gruppe zu lassen, um die Band zu stärken.

Die Beatles hatten das Glück, auf die große Reise nach Hamburg gehen zu können. Andere Gruppen vor/mit/nach ihnen sind nach ein paar Wochen oder Monaten nach England zurückgekehrt, ohne dass sich etwas Wesentliches verändert hätte. Die Beatles haben die Chance genutzt, ihren Horizont nicht nur geographisch zu erweitern. Sie haben Anregungen aufgenommen, die sie erst zu den Beatles machten, die wir heute kennen.

Bei ihrem zweiten Film *Help* hatte jemand zufällig ein paar indische Musiker als Gag in das Script geschrieben. Für die Beatles wurde das ein Ausgangspunkt für ganz neue Soundexperimente mit Klangbildern einer – für sie bis dahin – eher fremden Kultur.

Man könnte diese Aufzählung fortsetzen mit Namen wie Dylan, Magritte, Stockhausen und vielen anderen, aber diese werden zur passenden Zeit in den folgenden Kapiteln sowieso auftauchen.

Talent und Glück zu haben genügt jedoch nicht, um Kunst zu schaffen. Es gibt zu jeder Zeit Musiker, die das Talent haben, schöne Melodien zu schreiben. Mir gefällt „Paint it Black“ (der erste Stones-Song mit Sitar) besser als „Norwegian Wood“ (der erste Beatles-Song mit Sitar).[5] Aber leider ist „Paint it Black“ keine Kunst mehr, dafür kam der Song ganz einfach zu spät. Ein wesentliches Merkmal für Kunst ist nämlich die Innovation, dass man zum ersten Mal etwas wagt und tut. Nur so ermöglicht man es seinen Mitmenschen, neue Erfahrungen zu machen, die Welt neu oder anders zu sehen, mit alten Gewohnheiten zu brechen. Es gibt auch heute Maler, denen es gelingt, handwerklich hervorragende Bilder im Stil des Impressionismus herzustellen. Der Künstler aber bleibt Monet, die anderen sind nur noch Nachahmer.

Das ist die Tragik der meisten Bands und Musiker, die Zeitgenossen der Beatles waren. Ihnen erging es so wie dem „Helden“ im Song von Mac Davis „Rock 'n' Roll (I Gave You the Best Years of My Life)”: *I was always just one step behind you.*

I bought all the Beatles records, sounded just like Paul ...
I watched them all on TV, making every move they made.
Rock'n'Roll I gave you all the best years of my life ...
***But you were changing your direction** and I never even knew*
*That **I was always just one step behind you.***

---

[5] Auch Steve Jobs hatte mehr Stones-Alben auf seinem iPhone als solche von Dylan oder den Beatles, aber: “When asked to choose between the Beatles and the Stones, Jobs said, *'If the vault was on fire and I could grab only one set of master tapes, I would grab the Beatles.'*” http://www.businessinsider.com/steve-jobs-music-books-2011-11?op=1#ixzz3TMPXowh4

(2)

Die Kunst und damit die künstlerische und gesellschaftliche Wirkung der Beatles ist also nur zu erklären, wenn man beleuchtet, was in ihnen steckte und welche äußeren Einflüsse sie bereit waren, auf sich einwirken zu lassen. Das ist der Prozess des „let it out – and let it in", der für die Beatles und ihre Stellung als Künstler entscheidend ist.

Dabei ist es gar nicht so einfach, die Kunst im Beatles-Pop zu erkennen. Das hat unterschiedliche Gründe. Wenn man die Kunst der Beatles beschreiben will, ist ein großes Problem für die Analyse, dass ihre künstlerischen Vorgehensweisen oft sehr subtil und genial einfach sind. Dadurch kann es leicht passieren, dass man den Kunstcharakter der Werke schlicht übersieht.[6]

It's easy to become so used to these songs that you can no longer hear or appreciate them and they become something that's always been there. Like great buildings of a city that no one even bothers look up at any more".[7]

Man gewöhnt sich an diese Lieder so leicht, dass man sie gar nicht mehr hören oder wertschätzen kann, und sie werden zu etwas, das immer schon da war. Wie bedeutende Gebäude in einer Stadt, zu denen sich keiner mehr umdreht.

Da zeigen sich klare Parallelen zu Künstlern wie Monet. Drucke von Monets Bildern werden in allen Kaufhäusern und Postershops verramscht, Beatlesmusik dudelt im Supermarkt.

---

[6] Dazu kommt, dass die Beatles selbst es immer abgelehnt haben, als etwas Großes, als Künstler angesehen zu werden. Die Standardäußerung lautete immer: „We´re just a rock ´n roll band".

[7] Trevor Moss, Hannah Lou: "The Beatles re-recorded". In MOJO, July 2013.

Hier hat eine „sanfte Revolution“ stattgefunden, die durchaus positive Aspekte hat: Die Kunst dieser Künstler ist gesellschaftsfähig geworden, wir haben die uns angebotene Bewusstseinsänderung anstandslos akzeptiert. Grüne oder violette Gesichter wurden zunächst verlacht und als Unfähigkeit der Impressionisten angesehen, wirklich malen zu können. Heute ist es jedem klar, dass unter einem blauen Sonnenschirm auch ein menschliches Gesicht mit bläulichen Flecken erscheint.

A. Renoir: Frau mit Sonnenschirm zwischen Blüten

Es gibt aber auch negative Aspekte dieser Bewusstseinsänderung: Die revolutionären Ansätze in diesen Werken werden nicht mehr erkannt und weniger gewürdigt als bei solchen Künstlern, die auf den ersten Blick sperriger erscheinen oder die offene Konfrontation mit dem Publikum suchen. Die Bilder (oder die Musik) erscheinen einfach nur noch „schön".

Damit ist ein weiterer Punkt genannt, der den Kunstcharakter verdeckt: Jemand, der sich ein Ohr abschneidet oder zu Alkohol- und Drogenexzessen neigt[8], scheint eher radikaler Künstler zu sein als relativ unauffällige Persönlichkeiten wie Monet oder Turner. Und Bands, die ihre Gitarren auf der Bühne zerschmettern, erscheinen für viele progressiver als die Beatles.[9] Trotzdem sollte man Schein und Sein zu trennen wissen und vielleicht Kriterien zur Hand haben, die wirklich künstlerisches Potential belegen. Das ist besonders wichtig, wenn das Außergewöhnliche der Beatles in ihrer scheinbaren Normalität liegt:

"What was ultimately extraordinary about them was their ordinariness, and the way they exploited their time and place, and their time and place exploited them, and they played the given role of greatness with the appropriate amount of grace, cheek and abandonment." [10]

Was letztendlich so außergewöhnlich an ihnen war, war ihre Normalität und die Art und Weise, wie sie sich die Gegebenheiten zunutze machten, und wie Zeit und Ort sie für sich benutzten. Und dann füllten sie die ihnen bestimmte Rolle von Helden mit dem passenden Maß an Charme, frechem Humor und Hingabe.

---

[8] Z.B. van Gogh oder Curt Cobain

[9] „The first thing you must realise is that you must have more respect for the instrument ..... I never was into those people smashing up their guitars anyway. That was just rubbish." George Harrison: I Me Mine. Chronicle Books, San Francisco, 2002. S.55.

[10] Morley, a.a.O.

(3) 1.40 – 3:14

Das Profil eines Popstars bzw. einer Band ist recht komplex. Popmusik als multimediales Phänomen erfordert eine Beschreibung auf mehreren Ebenen. Es lässt sich idealerweise darstellen durch die Komponenten: Persönlichkeit, Performance, Virtuosität, poetische Qualität der Texte, musikalische Qualität der Kompositionen und Innovationspotenzial. Bei der Analyse der Beatles wird man erfahren, wie sich diese Tabelle dauernd verändert, wie einzelne Punkte an Bedeutung gewinnen oder verlieren, und wie am Ende die letzten drei Kriterien ganz oben stehen – wenn aus Pop Kunst geworden ist.

It´s only a Northern song

If you're listening to this song
You may think the chords are going wrong
You may feel the words are not quite right
If you think the harmony
Is a little off and out of key
Then you´re right
As it´s only a Northern Song[11]

Nicht nur die Harmonien und die Texte waren später vielleicht etwas schräg, schräg war vor allem der Humor der Beatles. *"We looked a funny lot of buggers. We were dead rough."*[12] Der Titel des Songs verweist nicht nur auf den Musikverlag der Beatles, sondern natürlich auch auf ihre geographische Herkunft. Wer sich da in der nordenglischen Hafenstadt gefunden hatte, das waren vier coole Typen, gesegnet mit jeder Menge dieses britischen „sense of humour", der in Liverpool vielleicht noch ausgeprägter ist als anderswo. So wurde die Geschichte dieser Band zu einem ganz eigenen „Northern Song".

[11] Northern Songs war der erste Verlag mit den Rechten an der Musik der Beatles. Das Unternehmen wurde mehrmals verkauft, bevor es 1985 für 24,4 Millionen Pfund von Michael Jackson erworben wurde. Der Verlag wurde 1995 aufgelöst, die Rechte an der Beatles Musik liegen heute bei Sony/ATV Music Publishing.

[12] Harrison, a.a.O. S. 30.

Derek Taylor beschreibt die Entwicklung von vier „Scousers" (= Hardcore Liverpoolern), die, wenn sie tiefer in sich hineinschauten, immer mehr von diesem Humor, von diesem Anderssein und Unangepasstsein entdeckten. Das zeigt sich beispielhaft im Song „Strawberry Fields"[13], die ja selbst eine Ur-Liverpooler Institution sind, aber auch in „With a little help from my friends". Ein an sich sentimentales und zartes Lied mit den Worten *„Do you need anybody? – I just need someone to love"*, in dem sich aber auch die Zeile findet: *„What do you see when I turn out the lights? – I can´t tell you but I know it´s mine"*. Eine anstößige Anspielung, die Joe Cocker in seiner berühmten Version dieses Liedes nie zu wiederholen gewagt hat.

(4) Anfang – 0:58

Liverpooler Humor hat etwas Direktes, Anarchisches und Surrealistisches. Zu sehen etwa im Drehbuch von „A Hard Day´s Night", wo der Manager seinem Adjutanten vorwirft, absichtlich größer zu sein als er. Und er zeigt auch Beispiele für die typische direkte Liverpooler Antwort auf bescheuerte Fragen.

(5) 5:03 – 5:06

[13] Siehe das Kapitel „You know I know when it´s a dream".

(6) Anfang – 1:15

Die Quelle für diesen anarchischen Humor, den die Beatles lieb(t)en, findet sich in den Radioshows der Goons[14] und in deren Filmen. Hier ein Ausschnitt aus „Napoleon´s Piano", einer Radiosendung vom 9.11.1954, die auch heute noch – mehr als ein halbes Jahrhundert später – mit ihrem skurrilen britischen sense of humour überrascht.

(7)

Kostproben des eigenen Humors der Beatles sind zahlreich. Die Auftritte in der BBC zu Weihnachten oder die Weihnachtsplatten für den Fanclub sind legendär. Hier könnte man wirklich glauben, die Goons träten auf. Typisch ist die Verballhornung bekannter Elemente durch das Spiel mit Sprache (egal, ob Deutsch oder Englisch) und das wilde Assoziieren. „*You may think the bands[15] are not quite right – but they are!*" [16]

---

[14] "The Goon Show". Britisches Comedy Radioprogramm zwischen 1951 und 1960. Mit Spike Milligan (Hauptautor), Peter Sellers und Harry Secombe.

[15] Es sind nicht verschiedenen Bands gemeind sondern nur die Beatles als Gruppe von vier einzelnen Mitgliedern. Vgl.: „My trousers are too long". Die Rede ist von einer einzelnen Hose, die hat aber zwei Beine.

[16] Leider sind auch hier die besten Beispiele nicht mehr als Clip verfügbar.

(8)

3:00 – 3:35

2:48

3:00 – 3:40

(9)

bis 2:14

Eine humoristische Verfremdung kann sich auf zwei Ebenen abspielen. Da ist einmal die Ebene der Sprache und des spielerischen Umgangs mit ihr – doch dazu später mehr[17]. Zunächst interessiert hier das Spiel mit der „Realität", der Welt so, wie wir gewohnt sind, sie wahrzunehmen. Diese wird durch „unrealistische Zufälle" gebrochen, wenn etwa bei den Goons mitten in Paris der Asiate aufkreuzt, nur um ein bisschen „Farbe" / „Lokalkolorit" (hier: Bezug zur Hautfarbe) in das Spiel zu bringen: *„What´s this idiot doing here?" „Oh, he is adding some colour to the play!"*

John Lennon haben diese „Nonsense-Welten" schon früh fasziniert, zum Beispiel bei der Lektüre von Alice in Wonderland, seinem Lieblingsbuch. Später lernten die Beatles mehr über den Surrealismus kennen durch die Werke von Magritte, den sie sehr schätzten, weil auch er ein „Eye-opener" war. Paul McCartney besitzt mehrere Originale, und Magrittes Brille liegt auf seinem Schreibtisch. Magrittes Bilder zeigen diese „conspiracy against reality", die Lennon später in seiner Rezension zu den Goon Scripts beschreibt.[18]

"Georgette, his wife, was selling the contents of his studio and Linda[19] bought me the easel and his spectacles ...that was just mega ... What I love about Magritte is he turned the

Als Georgette, Magrittes Frau, die Einrichtungsgegenstände seines Studios verkaufte, ersteigerte Linda die Leinwand und die Brille für mich ... was einfach mega war ... Was ich an

[17] Siehe auch S. 28 „At the Dennis".

[18] S.u. Fußnote 23.

[19] Linda McCartney, geb. Eastman (1941-1998). Fotografin und Pauls erste Ehefrau.

world upside down and inside out in terms of meaning and significance ... Magritte's specs are a reminder: the world is a jungle of crazy interpretations."[20]

Magritte mag, ist, dass er die Welt auf den Kopf gestellt hat in Sachen Bedeutung und Relevanz ... Margrittes Brille erinnert mich daran, dass die Welt ein Dschungel voller verrückter Sehweisen ist.

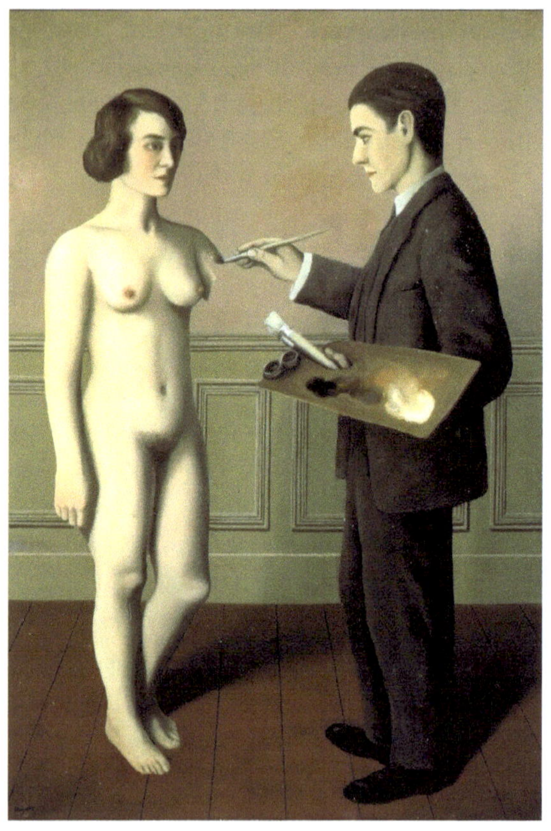

René Magritte : La Tentative de l'impossible (Das Unmögliche versuchen), 1928

[20] Paul McCartney zitiert in: Michael Odell: „Percy Thrillington, Magritte & me". In: The Guardian, 29.11.2008. https://www.theguardian.com/music/2008/nov/29/paul-mccartney-the-fireman-interview

Eine der Aussagen in „Strawberry Fields“ ist, dass unser visueller Eindruck von der Welt durchaus eine Täuschung sein kann. Vielleicht werden wir durch unsere „normalen“ Sichtweisen völlig in die Irre geführt: „*Misunderstanding all you see*“ (Strawberry Fields). Das bekannteste Beispiel ist wohl Magrittes Pfeife. Was wir da sehen, ist eben keine Pfeife, es ist das ABBILD einer Pfeife, so wie der Künstler sie sieht.

(10) René Magritte: „Ceci n´est pas une pipe“

Andererseits kann es durchaus reizvoll und erkenntnisreich sein, die Außenwelt in ganz neuen Bildern wahrzunehmen, um so Zugang zu eigenen inneren Welten zu gewinnen. Macht Magrittes Bild „La corde sensible“ nicht „Sinn“, wenn man es ansieht als eine Darstellung der inneren Freude bei einem himmlischen Genuss, als Leichtigkeit des Seins im Bouquet eines guten Getränks in einer perfekten Umgebung?

René Magritte: La corde sensible

Eigentlich ist es unmöglich, solch ein Gefühl visuell und zweidimensional darzustellen, aber Magritte versucht das Unmögliche: „La tentative de l´impossible“. Durch die surrealistische Brechung der Realität werde ich in die Lage versetzt, solch eine Bedeutung in ein an sich „un-sinniges“ Bild zu legen. Dazu braucht es Phantasie und die Bereitschaft, selbst Bedeutung zu stiften. Es braucht die *„imagery in my mind“*, wie John Lennon es ausdrückt. Dann ist das Bild nicht mehr unsinnige *„insanity“*, sondern eine gleichberechtigte Form der Realität.[21]

In vielen Liedern sprechen sich die Beatles ganz klar für Traumerfahrungen und gegen die „Realität“ des Wachzustandes aus. Das wird deutlich bei einer genaueren Analyse von „Strawberry Fields“[22], ist aber auch Thema in „I´m Only Sleeping“, „Fool on the Hill“ etc. Eine der wichtigsten Quellen solcher surrealen Gegenwelten sind jedoch von Anfang an die Goon Shows.

Als diese Sendungen in Buchform veröffentlicht wurden, gewann die New York Times John Lennon als Rezensenten für die *Goon Show Scripts*. John Lennon beschreibt dort den großen Einfluss dieser Art von Komik auf sich und die Beatles so:

"I was 12 when The Goon Show first hit me, 16 when they finished with me. Their humour was the only proof that the world was insane ..... The Goon Show was long before and more revolutionary than "Look back in anger" (it

Mit 12 überwältigte mich die Goon Show zum ersten Mal, mit 16 war die Zeit vorbei. Ihr Humor war der alleinige Beweis, dass die Welt verrückt war ... Die Goon Show war früher und noch revolutionärer als „Blick zurück im Zorn“ (sie war etwas für Intellektuelle genauso wie für

[21] John Lennon: *“Surrealism had a great effect on me because then I realised that the imagery in my mind wasn´t insanity. Surrealism to me is reality”*. In: “The Playboy Interviews with John Lennon and Yoko Ono.” Putnam Publication Group, 1981.

[22] Siehe dazu das Kapitel „You know I know when it´s a dream”.

appealed to "eggheads" and "the people"). Hipper than the hippest and madder than "Mad" , a conspiracy against reality ..... One of my earlier efforts at writing was a 'newspaper' called The Daily Howl. I would write it at night, then take it into school and read it aloud to my friends. Looking at it now, it seems strangely similar to The Goon Show."[23]

die einfachen Leute). Hipper als alles andere, verrückter als [die Zeitschrift] „Mad“, eine Verschwörung gegen die Wirklichkeit ... Einer meiner ersten Schreibversuche war die „Zeitung“ The Daily Howl. Ich schrieb sie nachts, nahm sie mit in die Schule und las sie meinen Freunden vor. Im Rückblick hat sie eine seltsame Ähnlichkeit mit der Goon Show.

Ähnliche Erinnerungen hat der Rezensent, der das Vorwort zur englischen Ausgabe der Goon Scripts verfasst hat - HRH Charles, Prince of Wales. Auch er unterstreicht den „mental slapstick“ bei dieser Gruppe.

„I ... discovered that the Goon-type humour appealed to me with an hysterical totality ... at once I knew it by heart ... to such an extent that when my small brothers heard a recording of the Goons for the first time they thought it was their elder brother!

No matter how much "fashion" in humour changes, there will always be thousands of people whose minds are atuned to the kind of mental

Ich entdeckte, wie sehr der für die Goons typische Humor in seiner ganzen durchgeknallten Art mich beeindruckte ... ich konnte sofort alles auswendig ... so gut, dass meine Brüder, als sie die Goons zum ersten Mal im Radio hörten, glaubten, das wäre ich, ihr älterer Bruder!

Egal, welchen Modeströmungen Humor unterliegt, es wird immer Tausende von Leuten geben, die eine Antenne haben für diese Art von intellektuellem Slapstick und visionärer Ko-

[23] John Lennon: The New York Times, 30. 9. 1973, „The Goon Show Scripts“. In: The New York Times, 30.09.1973. Zitiert nach: http://www.telegoons.org/famous_fans.htm

slapstick and imaginary cartoonery that typifies Goonery ... to their dotty and devoted supporters."[24]

mik, die so typisch ist für die Goons ... Das sind ihre ergebenen und etwas verrückten Fans.

Lennon beschreibt bei den Goons eine Eigenschaft, die später auch die Beatles auszeichnen sollte: Ihre Anziehungskraft war altersübergreifend und klassenübergreifend („*appealed to eggheads and the people*"). Man denke an die kreischenden Kids, aber auch an die Tatsache, dass Künstler, typische Vertreter der Oberschicht und Intellektuelle von Beatlesliedern gleichermaßen angesprochen wurden. Selbst seriöse Musikkritiker beschäftigten sich mit dem Phänomen Beatles und lobten deren Musik zum Erstaunen eines zum Teil ungläubigen Publikums über alle Maßen. Professor Wilfrid Mellers, Gründungsprofessor der Musikfakultät an der 1964 neu gegründeten University of York, überraschte die Öffentlichkeit mit seiner Behauptung, die Songs der Beatles würden als seriöse Kunst Bestand haben. Einen Beleg lieferte er mit seiner Analyse von „She´s Leaving Home"[25], die mit den Worten endet: „*That´s genius, you see. That´s how it happens.*"[26] Noch einen Schritt weiter geht Howard Goodall[27], wenn er behauptet, dass die gesamte zeitgenössische Musik – die Klassik eingeschlossen – von den Leistungen der Beatles profitiert und ihre Erfolge diesen Persönlichkeiten zu verdanken hat. Ihr größtes Verdienst liegt demnach darin, dass sie ein für alle Mal die absurde Idee widerlegt hätten, erfolgreiche Musik mit „mass appeal" könne per se keine Kunst sein.

---

[24] HRH The Prince of Wales: Foreword. In: More Goon Show Scripts. Written and selected by Spike Milligan. Sphere Books, 1974. S.10.

[25] Im Kapitel „Sit back and let the evening go".

[26] Siehe QR-Link 110.

[27] Musiker und Kompnist (geb. 1958), Commander of the Order of the British Empire (CBE) for services to music education. Komponierte u.a. die Titelmelodie zu "Mr. Bean".

(11) 47:10 - Schluss

Doch zu Zeiten der Goons wisssen die Beatles selbst noch nicht, wohin die Reise führen wird. Fest steht, dass der Einfluss der Goons bis zur letzten Single ihrer Karriere zu hören ist. „You know my name (Look up the number)“ ist die B-Seite von „Let It Be“ und nicht weit entfernt vom (in England berühmten) „Ying Tong Song“.

(12) ab 2:19 und besonders 3:50

(13)

Roll up for a Magical Mystery Tour

Um den oft verrissenen Film "Magical Mystery Tour" aus dem Jahr 1967 richtig zu verstehen, sollte man sich "The Running, Jumping & Standing Still" von Richard Lester und „Goon"-Mitglied Peter Sellers aus dem Jahr 1959 vorher angeschaut haben sowie Paul McCartneys Warnhinweis berücksichtigen, dass Magical Mystery Tour keinen kohärenten Handlungsstrang und keinen Plot enthält, auf den die Handlung abzielt.

"It hasn't got a plot.' But yeah. We thought, 'You don't need a plot. You don't always need one.' Because, like, the things you did today probably didn't have much of a plot."[28]

Er (=der Film) hat keinen stringenten Handlungsverlauf. Aber egal. Wir dachten uns: Man braucht auch nicht immer einen. Denn wahrscheinlich ähnelt auch das, was du heute getan hast, nicht gerade einem stringenten Handlungsverlauf.

Wer diese Aspekte nicht im Hinterkopf behält, hat wahrscheinlich solch ein „*disconnected piece of nonsense*" (ein unzusammenhängendes Stück voller Unsinn) vor Augen, wie die Mehrzahl der geschockten Zuschauer am Weihnachtsabend 1967.

[28] Paul McCartney. Interviewed by David Frost, 27.12.1967. In: John Mancini: "Use this lesson from the Beatles' biggest failure to start the new year right - Beatles in "Magical Mystery Tour." 26.12.2017. https://qz.com/1165660/the-beatles-magical-mystery-tour-can-show-how-to-start-the-new-year-right/

"Looking at it now, it seems strangely similar to The Goon Show". Dieser oben zitierte Satz von John Lennon beschreibt nicht nur seine frühen Comics, sondern auch überraschend gut die Magical Mystery Tour. Leider ist der Film "The Running Jumping & Standing Still" auf YouTube nicht mehr verfügbar. Es lohnt sich aber, ihn auf anderen Quellen anzusehen, um die verblüffenden Ähnlichkeiten einiger Sequenzen mit „Magical Mystery Tour" zu entdecken. Dazu gehören die Szenen mit einem Zelt auf der Wiese, in dem die Protagonisten verschwinden, oder die vier schrägen Gestalten, die an einem Seil ziehen und hintereinander herlaufen wie in der Schlussszene von „I´m the Walrus". Dabei glaube ich nicht einmal, dass die Beatles bewusst kopiert haben, sondern dass Erinnerungen an die Goons im Unterbewusstsein haften geblieben sind. So ist es kein Wunder, dass eine ganze Reihe von Szenen aus Magical Mystery Tour eine Art visualisierte Goon Show sein könnten.

Leider ist auch Magical Mystery Tour nicht mehr frei verfügbar. Dabei hat dieser Film es verdient, dass man sich ihn noch einmal genauer ansieht, um ihn neu würdigen zu können. Denn Goons wie Beatles könnten unter das fallen, was der „Express" beim Erscheinen von Magical Mystery Tour „*tasteless nonsense*" (= geschmackloser Unsinn) und „*blatant rubbish* (= himmelschreiender Blödsinn*)*" nannte.[29] Der „Guardian" erkannte jedoch schon früh den symbolischen Wert dieses Films und bezeichnete ihn als

„*an inspired freewheeeling achievement ... a kind of fantasy morality play about the grossness, warmth and stupidity of the (Beatles') audience.*"[30]	ein geistreiches, unbekümmertes Werk ... eine Art Sittenspiegel, der die Grobschlächtigkeit, aber auch die Warmherzigkeit und Dummheit des Publikums der Beatles widerspiegelt.

[29] John Harris: "Fab furore: Is it time to re-evaluate the Beatles' Magical Mystery Tour?" In: Guardian, 25.9.2012.

[30] Harris, „Fab furore", a.a.O.

Die Goons wie die Beatles (und später auch die Pythons) verarbeiten hier in satirischer Überzeichnung das England ihrer Jugend (und teilweise noch ihrer Gegenwart):

“ ... an England of ***decaying authority****, bad food* ***and anti-climactic entertainment****: the country in which the Beatles had grown up, embodied by the hollering sergeant ...; the dream sequence in which Lennon serves bucketfuls of vomit-like spaghetti; and the very idea of a mystery tour on a coach.”*[31]

... ein England der verblassenden Autoritäten, des schlechten Essens und einer langweiligen Unterhaltungsindustrie ohne Höhepunkte: das ist das England, in dem die Beatles aufwuchsen, verkörpert durch den brüllenden Armeeoffizier ... die Traumsequenz, in der Lennon haufenweise Spaghetti serviert, die wie ausgekotzt aussehen; und überhaupt die Idee einer Fahrt ins Blaue, bei der man sich überraschen lässt.

Auszüge sieht man im Trailer zur digital überarbeiteten Neuausgabe von „Magical Mystery Tour“ aus dem Jahr 2012.

(14)

Trotz des teilweise etwas amateurhaften „Konzepts“ und seiner Ausführung erhielt der Film Lob von Größen wie Martin Scorsese, der ihn als Inspirationsquelle für sich selbst und für die Teilnehmer seiner Filmakademie ansieht. *„For me, the freedom of the picture was very important, their sense of break-*

[31] Harris, „Fab furore“, a.a.O., Hervorhebungen von mir

ing all the form"[32]. (Für mich waren die Freiheiten in diesem Film so wichtig, ihr Gespür dafür, das ganze Format aufzubrechen.) Die Beatles hatten gerade mit Sgt. Pepper bewiesen, wie man traditionelle Grenzen eines Genres sprengen konnte. Bewusstseinserweiternde Substanzen wie LSD und die Begegnung mit Künstlern wie Stockhausen oder Magritte spielten bei der Entstehung dieses Films eine Rolle – etwa im psychedelischen Farbenrausch der Strandbilder (was die Zuschauer vor ihren Schwarzweißfernsehern natürlich kaum mitbekommen konnten), bei surrealistischen Textversatzstücken in „I´m the Walrus" oder durch die Verwendung von Tapeloops[33] in der Instrumentierung der Songs. Scorsese betrachtet den Film als eine gelungene und kreative Darstellung, wie die Beatles die Welt um sich herum sehen. Diese Einschätzung teilt Gavrik Losev im Guardian:

"It remains a very interesting observation of English society from the point of view of four very bright guys who had the money to pay for it."[34]	Er bleibt uns erhalten als eine überaus interessante Betrachtung der englischen Gesellschaft aus der Sicht von vier sehr cleveren Kerlen, die das Geld hatten, so etwas zu finanzieren.

In John Harris' Artikel findet sich auch das Szenenfoto *The Beatles stop for fish and chips*[35], in den Zeiten vor Kebab und Pizza die urbritischste aller Institutionen. Diese Situation taucht ebenfalls auf in der exzellenten BBC-Produktion „The Beatles - Magical Mystery Tour Revisited", wo Paul Gambacini, der aus den USA stammende Produzent von „Magical Mystery Tour", sie als beispielhaft für den Film erachtet. Für ihn ist sie eines dieser urenglischen Elemente, die im

[32] Martin Scorsese in "The Beatles - Magical Mystery Tour Revisited Rockumentary". BBC Arena, 6.10.2012. https://www.bitchute.com/video/TKRTfbYsCb48/

[33] Ein Tape-Loop ist ein Stück Tonband, das so modifiziert wird, dass es in beide Richtungen in einer endlosen Schleife laufen kann.

[34] Gavrik Losev, in: Harris "Fab furore", a.a.O.

[35] Harris „Fab furore", a.a.O.,

Film verschmolzen werden mit psychedelischen Komponenten, um ein umfassendes Abbild einer Kultur zu komponieren, von der die Beatles geprägt wurden, und die sie teils selbst geprägt haben. Die Szene hat es nicht in die Endfassung geschafft, aber das Militär, die Spaghettiszene und die unsäglichen feucht-fröhlichen Busfahrten nach Blackpool, die bei jedem Schulfest stattfindenden „marathons“[36], fotografiert von „World Cup Willy“ (dem Maskottchen der 1966 gewonnenen Fußballweltmeisterschaft), die Liebesromanze zweier skurril-britischer Typen am Strand: all das findet man in dieser „Magical Mystery Tour“.

(15) 43:35 – 44:06

A softly satirised presentation of the culture they grew up in. They celebrate it but take the piss."[37]

Eine leicht satirische Darstellung der Kultur, in der sie aufgewachsen sind. Sie feiern sie durchaus, verarschen sie aber auch.

(16) Der Artikel mit dem Bild

Für Gambacini ist der gesamte Film durch und durch englisch. Schon die Idee, in einen Bus zu steigen, ohne zu wissen, wohin die Reise geht, sei für Amerikaner völlig unverständlich. Ebenso abstrus erscheine die Vorstellung, mit allen möglichen Freunden und entfernten Familienangehörigen – wie peinlich diese auch zum Teil sein mögen – einen Tag auf

[36] übrigens auch ein Lieblingsthema von Monty Python, siehe „Twit of the year“.

[37] Losev in Harris “Fab furore”,a.a.O.

dieser Bustour zu verbringen. Kaum vorstellbar für (amerikanische) Musiker, die „hip“ sein wollen. Da denkt Gambacini sicher an die Szenen, in der Ringo sich dauernd mit seiner beleibten „Tante“ streitet. “‘*Why are they hanging around with fat old women?’ I don´t think Americans would have gotten it.*”[38]

Die liebevolle Beschäftigung der Beatles mit „Good Old England” zieht sich durch ihr ganzes Werk[39] und reicht bis in die Nach-Beatlesphase. Aber immer wird die Idylle, wenn sie droht, in den Kitsch abzugleiten, entweder ironisch überhöht oder durch störende Bilder gebrochen. Eine charmante Überzeichnung solch einer urenglischen Tradition ist McCartneys „English Tea“.

(17)

Das Setting ist wie aus dem Bilderbuch: *Sunday morning, miles and miles of English garden*, romantische Blumen des typischen „cottage garden“ wie Malven und Rosen, der „willow tree“ am Fenster, eine Nanny serviert Plätzchen zum Tee, und auf dem englischen Rasen spielt man „croquet“. Im Zeitalter von „Abseiling“ oder „Freeclimbing“ wirkt „Croquet“ sowieso total veraltet und wie aus einer anderen Welt. Wenn dann noch dieses Spiel, bei dem man sich kaum bewegen muss, als „adventure“ bezeichnet wird, ist das sicherlich „*a softly satirised presentation of the culture they grew up in*“.

---

[38] Paul Gambacini, Zitat in: “The Beatles - Magical Mystery Tour Revisited”, a.a.O.

[39] Siehe auch das Kapitel “Sit back and let the evening go”.

(18) Besonders „Wivenhoe Park“ oder „Osmington Village“

Was in Constables romantischen Bildern ernst gemeint ist, wird in Beatlessongs zu wohlmeinender Satire. Es ist einfach alles „too much“[40], zu schön, um wahr zu sein. Dass die im Lied evozierten Bilder eher Märchen als Realität sind, wird deutlich, wenn die Blumen aufmerksam der Unterhaltung zuhören und die Nanny „FAIRY cakes“ serviert. Bei diesen Cupcakes schimmert die ursprüngliche Bedeutung von „Fee“ durch. Die Wortwahl nimmt eine Sprache auf die Schippe, die längst der Vergangenheit und träumerischen Kindheitserinnerungen angehört. *Very twee* = zauberhaft; *very gay* = im ursprünglichen Sinn von „fröhlich“ oder macht Spaß; die Floskel *„would you care to ...“* = dürfte ich Sie dazu einladen .... und der Ausruf *„hip hooray!“* gehören dazu.

Dass auch die McCartney-typische harmonisch-verspielte Melodie durchaus mit einem Augenzwinkern gedacht ist, sieht man am eher ironisch wirkenden Schlussakkord. Der anachronistische Anfang erinnert stark an die comichafte „Kurkapelle“ aus Pepperland[41], deren Idylle dort durch die Blue Meanies zerstört wird.

George Martin hat immer wieder „the very Englishness” seiner Jungs betont. In seiner Analyse von Lennons Song *Good Morning* verweist er auf die Zeilen *„People running round it's five o'clock, ... It's time for tea*[42] *and meet the*

[40] Wie im Harrison-Song „It´s all too much”.

[41] Das farbenfrohe Märchenland, das die Beatles im Film „Yellow Submarine“ retten.

[42] “Time for tea” bedeutet in Nordengland nicht “Tea time“ am Nachmittag sondern die Zeit des (frühen) Abendessens (= tea), bei dem man die einschlägigen Vorabendserien sieht.

wife[43]". Was könnte es Typischeres geben als diese englischen Vorabendserien wie „East Enders", „Upstairs Downstairs" oder hier „Meet the Wife", Jahrzehnte vor Lindenstraße und GZSZ. [44]

An so etwas wie „English Tea" hat sicher auch John Lennon gedacht, wenn er im bewusst kontrastiv eingesetzten romantisierenden Zwischenteil eines ansonsten eher chaotisch und verstörend wirkenden „I Am The Walrus" die (für diesen Song erstaunlich verständlichen) Zeilen singt: „*Sitting in an English garden, waiting for the sun …*". Aber auch dieser Vers ist nicht Romantik pur, er wird ironisch gebrochen – sowohl sprachlich wie auch musikalisch. Es geht nämlich weiter mit der Aussage: „*and when the sun don´t come / you get a tan from standing in the English rain*". (Und wenn die Sonne nicht kommt, wirst du davon braun, dass du im englischen Regen stehst.) Dabei geht die ruhige Streichermelodie über in ein abruptes Stakkato, das, wie auch der Sprachrhythmus, schon an einen Rap erinnert.

Davon sind die Beatles 1963 noch weit entfernt. Um als Band aus dem Norden im nationalen Bewusstsein überhaupt eine Rolle spielen zu können, brauchten die Goons-Fans zunächst einmal einen Produzenten, der sie unter Vertrag nimmt. Und auch dieser Schritt ist einer der vielen unglaublichen Zufälle in der Karriere der Beatles: Brian Epstein, ihr Manager, versuchte über Monate in London eine der Plattenfirmen zu bewegen, die Beatles zu produzieren. Überall wurde er abgewiesen, bis er bei EMI Glück hatte. Dort traf er George Martin, der recht widerwillig zusagte. Was ihn schließlich zu einem Vertrag bewegte, war weniger die musikalische Qualität des Demo-Materials, das Epstein mitgebracht hatte, sondern die Ausstrahlung der Band, ihr Humor.

---

[43] Eine Sitcom der BBC aus den Jahren 1963 – 1966.

[44] In "Meet the Wife" spielt übrigens Freddie Frinton mit, der wie die Beatles auch erst über den Umweg Hamburg (NDR) Weltruhm erlangt hat mit „Dinner for One".

Hier waren Leute auf gleicher Wellenlänge. Kaum verwunderlich, denn George Martin war auch Produzent von Spike Milligan und Peter Sellers, den zwei Hauptfiguren der Goon Show. Im Nachhinein erstaunt es George Martin, dass die Beatles so wenig enttäuscht waren, einen Plattenvertrag nicht bei einem „richtigen" Musiklabel zu bekommen, sondern bei einem Produzenten, der vor allem Comedyshows zu verantworten hatte. Worauf Paul McCartney antwortet, dass sie sich schon gewundert hätten, warum sie beim „comedy guy" gelandet wären. Sie waren aber in keiner Weise enttäuscht, weil sie die Goons ja so sehr liebten und Martins Produktionen kannten. In jeder Goon Show tauchten auch musikalische Intermezzi auf. *„It was groovy – you did good music"*.

(19) 0:57 – 1:32

Das sieht auch John Lennon so:

„Before becoming the Beatles' producer, George Martin, who had never recorded rock-n-roll, had previously recorded with Milligan and Sellers, which made him all the more acceptable .... our studio sessions were full of the cries of Neddie Seagoon, etc."[45]

Bevor George Martin, der niemals zuvor Rock-n-Roll aufgenommen hatte, Produzent der Beatles wurde, hatte er Aufnahmen mit Milligan und Sellers gemacht, was ihn umso akzeptabler für uns machte ... Unsere Studio Sessions waren voll vom Geschrei eines Nellie Seagoon [einer der schrägsten Charaktere der Goons].

Auch bei George Martin entstand die Beziehung zunächst nicht über die Musik. Nachdem er ihr erstes Demo-Tape gehört hatte, lud er die Band nur widerwillig nach London ein.

---

[45] Lennon, Goon Scripts, a.a.O.

Aber beim persönlichen Kennenlernen sprang der Funke über.

„And I met them, and I have to say I fell in love with them. They had this charisma, they were fun to be with."[46]

Und dann traf ich sie, und ich muss sagen, ich habe mich in sie verliebt. Sie hatten dieses Charisma, es machte einfach Spaß, mit ihnen zusammen zu sein.

Als Beispiel führt er die Szene an, wo er sie in den Kontrollraum holte, um ihnen einen aufgezeichneten Song vorzuspielen. Er lud die jungen Musiker ein, ihm zu sagen, wenn ihnen etwas nicht gefällt. George Harrisons Antwort: *„Da ist zunächst einmal Ihre Krawatte."*

„I thought that was wonderful. They had the guts to do that. That was – as I said – the beginning of a love affair."

Das fand ich eindrucksvoll. Sie hatten den Mut, das zu tun. Und das war – wie gesagt – der Beginn einer Liebesgeschichte.

---

[46] George Martin in einem Video-Interview des Guardian. Eine Kopie findet sich in meinem Archiv, im Netz ist es jedoch verschwunden.

The pilzen kopf – Hamburg

"It was their attitude, the confidence", bestätigt auch Anthony Decurtis in seinem Artikel über die Beatles im Jahr 1962 – "the year that changed everything". *"They knew where they were going – they just had to fill in the spaces."*[47] (Es war ihr Auftreten, ihr Selbstbewusstsein. Sie wussten, wohin sie unterwegs waren – sie mussten nur die Räume füllen.)

„*They knew where they were going*": Zunächst einmal gingen sie nach Hamburg. Die Aufenthalte in Hamburg waren die erste große Möglichkeit, neue Einflüsse in sich aufzunehmen. Es war die erste bedeutsame Phase des „Let it in". Ihre Auftritte dort waren für die Beatles in vieler Hinsicht entscheidend. Hamburg war nicht nur geographisch ein großer Schritt weg vom Gewohnten, Hamburg eröffnete auch mental ungeahnte neue Horizonte.

" *...would the world be pretty much the same even if the Beatles hadn't made it beyond local status, and hadn't taken off for Germany - and how historically crucial was it that they ventured there, a place so recently the enemy, to become men, to*

Würde die Welt so oder so ähnlich sein, wenn es die Beatles nicht über eine lokale Größe hinausgebracht hätten und sich nicht nach Deutschland begeben hätten – und welches historisches Gewicht hat es, dass sie ausgerechnet dorthin fuhren, wo gerade noch Feindesland war, um ihr Leben in die Hand zu nehmen und mit selbst-

[47] Decurtis, a.a.O, S.8.

take charge of their lives and repair, with self-deprecating, bossy flamboyance, damaged British influence on the world?[48]	ironischer Dominanz und Exzentrik den lädierten Einfluss Englands in der Welt wiederherzustellen?

Das Leben in Hamburg erwies sich als faszinierend und beschwerlich zugleich. Wie hart diese Lehrjahre waren, ist an anderer Stelle zur Genüge beschrieben worden. Ein gutes „Bild" von diesen Umständen kann man sich machen durch die Lithographien von Klaus Voormann. Auf der Seite der „Genesis Publications" finden sich unter anderem die Zeichnung von „Paul und Rosa", der Toilettenfrau, die ihm ein paar Pillen zusteckt, damit er die Nacht durchhält.[49] Faszinierend auch: die Trostlosigkeit vor der Abschiebung[50] in „Davidwache Police Station", die Tristesse von „Lennon and McCartney in the Bambi Kino"[51], wo hinter der Leinwand ihr Schlafsaal war, oder John Lennon in „Breakfast with John", der am Ende

[48] Paul Morley: „Imagine a world without the Beatles". In: The Observer, 6-9-2009.

[49] Klaus Voormann: "Hamburg Days Prints". Genesis Publications. Guildford, England, 2021. https://www.genesis-publications.com/print/hamburgdaysprints/hamburg-days-prints

[50] Im November 1960 wurden Paul McCartney und Pete Best (der damalige Schlagzeuger der Beatles) wegen versuchter Brandstiftung verhaftet. Sie waren durch Peter Eckhorn abgeworben worden in den Top Ten Club. Beim Verlassen ihrer Behausung im Bambi-Kino (siehe Anm. 49) entstand ein kleiner Schwelbrand. Gerüchten zufolge hatten die Beatles an der Wand hängende Präservative abgefackelt, in anderen Berichten war es ein Wandteppich oder eine Gardinenschnur. Vermutlich war die Anzeige ein Racheakt von Bambi- und Indra Club-Besitzer Koschmider, der es nicht hinnehmen wollte, dass die Beatles in den Top Ten Club wechselten. Paul und Pete wurden nach England abgeschoben. Eine Woche vorher war schon George Harrison mit der Begründung abgeschoben worden, dass er mit seinen 17 Jahren zu jung war für Auftritte nach 24 Uhr. Wahrscheinlich ebenfalls ein Tipp von Koschmider.

[51] Untergebracht waren die Beatles in einem Raum hinter der Leinwand des "Bambi"-Kinos in der Paul-Roosen-Straße. Das Kino gehörte Bruno Koschmider, Besitzer des Indra Clubs, der die Beatles mit seinen Zurufen „Macht Schau" zu wilden Vorstellungen auf der Bühne antrieb. Der Club wurde schließlich wegen Lärmbelästigung geschlossen.

einer durchgearbeiteten Nacht noch nicht einmal dazu kommt, ein fürstliches Frühstück zu genießen, das es so (mit Spiegelei) nicht alle Tage gab. Er schläft vor lauter Müdigkeit über dem Teller ein.

(20)

Der Druck der nächtelangen Auftritte war enorm. Hier genügte nicht ein Repertoire von ein paar Dutzend Songs – hier musste neben der Musik auch Show gemacht werden, anders waren die Stunden bis zum frühen Morgen nicht zu überbrücken. Und Teil dieser Show war wieder der Beatles-eigene Humor, der in Hamburg weiter kultiviert wurde. Verbrieft sind Auftritte von John Lennon und Paul McCartney in Unterhose und Pelzmütze, mit einem Klodeckel um den Hals oder verschiedene Hitlerparodien à la Basil Fawlty.[52]

(21) ab 0:55

Noch wichtiger als der bühnenreife Umgang mit Ironie und Satire im alltäglichen Kontakt mit dem Publikum waren die neuen Freundschaften: Astrid Kirchherr, Jürgen Vollmer und Klaus Voormann. Diese hatten mit den gewohnten Fans aus den Liverpooler und Hamburger Kellern nicht viel gemein. „*Dressed in leather, jeans and boots, they could be a street gang*"[53]. Diese Beschreibung von John Savage traf an-

---

[52] John Cleese / Connie Booth: Fawlty Towers. Comedy Sitcom der BBC. 1975-1979.

[53] John Savage: „They could be a street gang". In: The Guardian, 11.06.2011.

fangs sowohl auf die Beatles als auch auf ihr angestammtes Publikum zu.

Kirchherr und Voormann kamen jedoch aus einer ganz anderen Schicht, dem Bildungsbürgertum. Sie hatten intakte Elternhäuser, Voormann war mit klassischer Musik groß geworden. Sie studierten Fächer wie Kunst (Fotografie und Grafik) sowie Philosophie. Die Freundschaft mit dieser Clique führte dazu, dass die Beatles plötzlich Strömungen wie den Existentialismus kennenlernten. Zunächst über das Äußere, dann in vielen Gesprächen über „Gott und die Welt" sicher auch über dessen Inhalte.

Klaus Voormann beschreibt in einem Interview mit dem Guardian, wie diese beiden Welten aufeinandertrafen. Unter den Rockern war und fühlte sich die Voormann Clique wie „*aliens in those clubs*"[54]. Im Gegensatz zur Rockerkluft trugen sie Rollkragenpullover aus Kaschmir mit Schals um den Hals, waren aber genauso begeistert von der rohen Musik und dem wilden Auftreten dieser Band wie alle im Saal. Schon immer begierig auf alles Neues, fühlten sich auch die Beatles hingezogen zu Astrid Kirchherr, Jürgen Vollmer und Klaus Voormann. (Nicht nur, weil sie bei ihnen von Zeit zu Zeit auch baden und vernünftig essen durften.)

(22) 2:35 – 3:17

[54] "Klaus Voorman on working with the Beatles". Paul Morley talks to artist and producer Klaus Voorman about working with the Beatles on their Revolver LP. The Guardian Video, 7.9.2009. https://www.theguardian.com/music/video/2009/sep/04/the-beatles-klaus-voorman

Mit Kirchherr, Voormann und Vollmer reisten die Beatles nach Paris, wo Jürgen Vollmer zu der Zeit Assistent war von William Klein, dem berühmten Architektur- und Modefotografen, der später auch für die Vogue arbeitete. Das waren Kreise, die den Beatles zuvor unzugänglich waren. Paris war aber auch die Heimat Sartres, des Existentialismus-Gurus.

Der Existentialismus wurde oft missverstanden durch den berühmten Satz aus „Huis clos“: „L´enfer, c´est les autres“ (= die Hölle sind die Anderen). Dadurch bekommt der Existentialismus den Touch einer Negativ-Philosophie. Er betont jedoch die Freiheit und Verantwortung für und vor dem Nächsten. Diese Theorie Sartres, dass ich – nachdem ich nun mal in diese Welt geboren wurde – Verantwortung trage für mein eigenes Glück und das Glück der anderen, findet sich genauso in Beatlesliedern wie die Vorstellung, dass mein Glück davon abhängt, welches Bild von mir meine Mitmenschen an mich zurückspiegeln. Das heißt, dass unser Wohlbefinden auf positiven Beziehungen zu unseren Mitmenschen beruht.

Liebe ist ... ein Band, das Menschen miteinander verknüpft ... Liebe als Verbundenheit zwischen Menschen ist eine Bedingung seelischer Gesundheit ... Es stimmt einfach, dass wir es nur „mit ein bisschen Hilfe von unseren Freunden“[55] schaffen.[56]

Diese Einstellung wird exemplarisch ausgedrückt in dem Vers: *„And in the end, the love you take is equal to the love you made“* (und am Ende bekommst du die Liebe zurück, die du bereit warst zu geben). Das ist die letzte Zeile auf der letzten Platte der Beatles, ihr Vermächtnis sozusagen: Liebe, wie die Beatles sie sehen, beruht auf wechselseitiger respektvoller Abhän-

---

[55] Anspielung auf den Song „With a little help from my friends“ auf Sgt. Pepper.

[56] Jacob M. Held: „All You Need Is Love: Hegel, Liebe und Gemeinschaft“. In: Die Beatles und die Philosophie. M. und St. Baur (Hrsg.), Stuttgart, 2010. S.51/52.

gigkeit und ist das Wesentliche im Leben: „*Love is all you need*". Es ist schön zu beobachten, wie die Beatles bis zuletzt diese Haltung vertreten, die oft abwertend als Idealismus oder Weltfremdheit bezeichnet wird.

Sichtbares Zeichen dieser neuen Weltsicht wurde die Frisur. Bis Hamburg imitierten die Beatles ihre großen amerikanischen Vorbilder wie Elvis und sahen eben aus wie *„four James Deans*". Eine von Klaus Voormanns Lithografien über die Zeit in Hamburg heißt dann ja auch „Elvis McCartney".

In Sean O´Hagans Artikel *"Astrid Kirchherr: a stylish outsider who saw beauty in the Beatles"*[57] sieht man mehrere Fotos der Beatles vor und nach der von Astrid verordneten Wandlung. Berühmt geworden ist ihr auf dem Hamburger Kirmesgelände entstandene Bild von den Beatles in typischer Rockerpose.

(23)

In *„Kirchherr in 1961 with Stuart Sutcliffe (R) and Klaus Voormann (L) in Hamburg*" auf derselben Seite erkennt man dann sehr schön die Vorlage, nach der die neuen Beatles gestylt wurden. Den Pilzkopf hatte sie übrigens zunächst bei Klaus Voormann ausprobiert, um seine abstehenden Ohren zu kaschieren, die ihrem Schönheitsideal widersprachen.

„It was a radical shift away from the influence of recent pop past – 1950s rock'n'roll – to the modernist present: French New Wave cinema, art school bohemianism, a

Es war eine radikale Abkehr vom Einfluss der jüngsten Popvergangenheit – des Rock´n´Roll der 50er Jahre – hin zur modernistischen Gegenwart: der Nouvelle Vague des französischen Kinos, der

[57] Sean O´Hagan: "Astrid Kirchherr: a stylish outsider who saw beauty in the Beatles". In: The Guardian, 19.4.2020.

hint of androgyny."[58]

Bohème der Kunstschulen mit einem Hauch von Androgynie.

"*They had the guts to do that*" bemerkte George Martin anerkennend, als George Harrison ihn auf seine Krawatte ansprach. Sehr viel Mut bedurfte es sicherlich auch, den Schritt von offensichtlichen Rockern zu „Exis" zu vollziehen.

"In applying her bobbed-hairstyle, borrowed from Juliette Gréco, to the working class lads from Liverpool, Kirchherr feminised them in a way, softening their street-tough image. It was a bold move that announced the impending pop future, the group's longer hair later becoming an obsession to the mainstream media"."[59]

Indem sie ihren von Juliette Gréco übernommenen Bubikopf-Stil den Jungs aus der Liverpooler Arbeiterklasse überstülpte, verweiblichte Kirchherr sie in gewisser Weise und weichte das taffe Straßenjungenimage auf. Das war ein kühner Schritt, der aber die Zukunft des Pop ankündigte, wobei das längere Haar der Gruppe zu einer Obsession der Massenmedien wurde.

„*Direct from Hamburg*" stand auf den Plakaten, mit denen die Beatles bei ihrer Rückkehr nach Liverpool in den Clubs angekündigt wurden. Mit ihrem neuen Look schienen sie so sehr aus einer anderen Welt zu kommen, dass sie sich des Öfteren das Kompliment anhören mussten „*You speak good English!*"

Die Freundschaft zu den Gefährten aus Hamburg sowie die rudimentären Deutschkenntnisse hielten übrigens ein Leben lang. Die Beatles zeigten keinerlei Ressentiments gegen die Sprache des ehemaligen Feindes und nutzten oder verballhornten sie genauso wie ihre eigene[60]. Später waren sicher auch eher sentimentale Erinnerungen damit verbunden. Beispiele sind die „**Für dich**!" Szene mit Klaus Voorman oder Georges Anmerkung „**noch einmal**" statt „*repeat*" unter

[58] O´Hagan, a.a.O.

[59] O´Hagan a.a.O.

[60] Siehe den Link auf S.23 zu den Weihnachtsplatten

dem Bridge zu *Soft Touch* von 1979 (17 Jahre nach Hamburg), erschienen bei seiner Firma „**Umlaut** (sic!) Corporation“[61].

(24) 9:11 – 10.20

As A New Moon Rises
those ideas of Heaven —
in a Soft touch Baby —
(and I love you Soft Tou
Bridge (nocheinmal)

[61] George Harrison: I-Me-Mine, Chronicle Books, San Francisco, 2002. S. 346.

I want to be no paperback writer

"... Kirchherr's photograph ... came at a crucial historical moment when black American music, as played by Britons, came up against the continental avant garde aesthetics embodied by Kirchherr and her friends.
That triangulation resulted in the beginning of pop modernism. The next year Stuart Sutcliffe, and then John Lennon and Paul McCartney, swept forward their 50s' rocker haircut into the pilzen kopf (mushroom head) style, and the western world soon followed."[62]

Kirchherrs Foto ... entstand in einem entscheidenden historischen Moment, als schwarze amerikanische Musik, gespielt von Engländern, auf die kontinantale Avantgarde-Ästhetik traf, so wie sie von Kirchherr und ihren Freunden verkörpert wurde.
Diese Dreiecksbeziehung wurde zum Startpunkt des modernen Pop. Ein Jahr später kämmten sich Stuart Sutcliffe und dann John Lennon und Paul McCartney die Haare ihres 50er Jahre Rocker-Haarschnitts nach vorne zum Pilzkopf, und die westliche Welt folgte bald auf dem Fuße.

Sie folgte den Beatles aber zum Glück nicht nur dadurch, dass plötzlich alle Jugendlichen den „pilzen kopf“ imitierten. Immerhin waren die Beatles in erster Linie ja Musiker. Doch die oben erwähnte Obsession der Medien mit dieser Haartracht erkennt man gut beim Interview der Beatles in der „Late Scene Extra Show“ mit Gay Byrne. Die Pilzköpfe waren

62 Savage, John: a.a.O.

dort die Attraktion, und im ersten Satz wurde schon die Frage gestellt, welche Bedeutung die Haare für ihren Erfolg hätten. Anwesend war auch der Liverpooler Entertainer Ken Dodd, der selbst mit einem wüsten Haarschmuck auftrat. Wie abgedreht außerirdisch der – für heutige Verhältnisse brave – Haarschnitt der Beatles auf das Publikum gewirkt haben muss, zeigt Dodds Bezeichnung der Beatles als „Martians“ = Marsmenschen. Er bewies aber Durchblick mit seiner Antwort auf die oben erwähnte Frage des Reporters, ob dieser „Gimmick“ entscheidend für den Durchbruch der Beatles war: *„These boys have a very nice gimmick – talent!“*

(25) besonders 1:05 – 1:12

Dieses Talent, und was sie als Musiker zu leisten im Stande waren, zeigte sich nicht unbedingt auf der ersten Platte, die sie in den Charts platzieren konnten. Der gesamte Liedtext bestand aus 16 Wörtern. *„The lyrics were rudimentary: "Love, love me do ... you know I love you ... I'll always be true." No one then recognised a sound with power to change the world."*[63] (Der Songtext war stümperhaft ... Damals erkannte keiner darin einen Sound mit der Kraft, die Welt zu verändern.)

Wenn der Text auch simpel war, er war ihr eigener. Und dies war ein entscheidender Einschnitt in der Popgeschichte. Bis dahin wurden Songs nämlich von professionellen Komponisten geschrieben. Lennon/McCartney bestanden jedoch von Anfang an darauf, ihre eigenen „Werke“ zu produzieren – eine Idee, auf die sich ihr Produzent George Martin zunächst nur widerwillig einließ.

[63] Philip Norman, „How the Beatles' Love Me Do began the transformation of British music". In: The Guardian, 04.10.2012.

Martin hatte den Beatles für ihre erste Platte das traditionell eingekaufte „How Do You Do It?" vorgeschlagen, ein todsicherer Tipp. Die Beatles lehnten ab. „How Do You Do It?" wurde prompt wirklich ein Nummer-1-Hit – aber für *Gerry and the Pacemakers*, während „Love Me Do" bekanntlich nur auf Platz 17 landete. Die Beatles behielten letztlich dennoch Recht, als ihre eigene Komposition „Please Please Me" ebenso die Nummer 1 Position eroberte.

Über die Alternative machen sich die Beatles später in „Paperback Writer" lustig. Der Paperback Writer ist nicht authentisch, er kopiert: *„It´s based on a novel by a man named Lear*". Er ist auch bereit, sein Werk den Gegebenheiten anzupassen: "*I can make it longer if you like the style, I can change it 'round*". Er schreibt nicht aus innerer Überzeugung, seine „Kunst" ist nur ein Vehikel, um Geld zu machen: "*I need a job, so I want to be a paperback writer*". Und dafür biedert er sich mit allen Mitteln bei seinem Produzenten an: *„Dear Sir or Madam, you can have the rights, it can make a million for you overnight"*.

Die Beatles machten fortan ihre Millionen alleine (mit George Martin). Authentisch zu sein mit eigenen Kreationen und nicht berechnend auf Fremdeinkäufe zu bauen – das war das neue Erfolgsrezept.

Nach *Love Me Do, Please Please Me und* den nächsten Erfolgen der Beatles übernahmen auch andere Popmusiker mehr und mehr die Kontrolle über ihre eigenen Kompositionen[64]. Für die Beatles selbst war es der entscheidende Schritt in der vertrauensvollen Zusammenarbeit mit George Martin, der hier zum fünften Beatle wurde. Fortan war das Abbey Road Studio nicht mehr das klinisch reine Aufnahmelabor, in

---

[64] Die Rolling Stones ließen sich den Song für ihre zweite Platte von den Beatles schreiben, nachdem ihr Chuck Berry Cover „Come On" nicht über Platz 21 hinausgekommen war. John und Paul sollen „I Wanna Be Your Man" im Beisein der Rolling Stones bei einer ihrer Proben fertig geschrieben haben. Die Platte schaffte es immerhin auf Platz 12.

dem eingekaufte Titel möglichst professionell eingespielt wurden. Das sieht George Martin selbst als den entscheidenden Fortschritt an. Seine Produktionen strebten nicht mehr danach, die Werke so naturgetreu wie möglich aufzunehemen. Er wollte die Aufnahmen umgestalten in das, wovon man sich als Musiker und Produzent wünscht, dass es das Publikum hört. Diese Idee findet er wieder bei Degas, der so den Unterschied zwischen Malerei und Fotografie beschreibt. George Martin wollte keine Fotos mehr, er wollte Klangbilder schaffen.

Dadurch wurde das Studio ein Raum zum Improvisieren, zum Gestalten eigener Ideen und schließlich zur Entwicklung neuer Klangkonzepte, die die Welt noch nicht gehört hatte. Am Ende blieb es der einzige Raum, in dem die Beatles überhaupt noch auftreten konnten. So radikale Stücke wie „*Tomorrow never knows*“ sollten es ihnen unmöglich machen, als Band live auf einer Bühne zu spielen.

Die Beatles setzten vollständig auf ihre eigene Kreativität. Deshalb scheuten sie sich auch, „vernünftig“ ein Instrument zu erlernen und blieben Autodidakten. Sie hatten Angst, dass mit einem professionellen Erlernen – bewusst oder unbewusst – traditionelle Melodie- und Kompositionsmuster übernommen würden. Außerdem entsprach das nicht ihrem anarchischen Charakter, den nur ein erfahrener, aber auf gleicher Wellenlänge agierender[65] Lehrer-Ersatz wie George Martin beeinflussen konnte. Seine Ausbildung in klassischer Musik, sein Auftreten als Gentleman, seine Sprache mit dem richtigen Akzent, all das war hier der ideale Gegenpol zu der ungestümen und teilweise chaotischen Spontaneität der Beatles. Ian Macdonald weist darauf hin, wie bemerkenswert es ist,

[65] Vgl. den Abschnitt über Martins Verbindung zu den Goons.

„that someone of his (George Martin's) age and background should have understood music as new and rough-hewn as The Beatles' … it's almost certainly true that there was no other producer on either side of the Atlantic then capable of handling The Beatles without damaging them."[66] [67]	dass jemand in seinem Alter und mit seinem Hintergrund eine Musik verstehen würde, die so neu und ungeschliffen war wie die der Beatles … es ist so gut wie sicher, dass es auf keiner Seite des Atlantiks einen anderen Produzenten gab, der es geschafft hätte, mit den Beatles fertigzuwerden, ohne sie kaputt zu machen.

Martin versuchte eben nicht, die Beatles zu verbiegen, indem er ihnen seinen eigenen Stil aufzwängte. Er sah und förderte ihr Potenzial, half ihnen, die eigenen Ideen zu verwirklichen. George Martin hat immer gesagt, er hätte nie Songs wie die der Beatles schreiben können. Aber er konnte entweder ihre kühnen Vorstellungen umsetzen oder entscheidende Tipps geben, um die Werke als „echte Beatlessongs" erklingen zu lassen. So schlug er beispielsweise vor, „Can´t Buy Me Love" mit der Anfangszeile des Chorus als „Kracher" beginnen zu lassen anstatt mit der ersten Zeile der ersten Strophe.

Als Paul McCartney mit „Yesterday" zu ihm kam, überzeugte er ihn, dieses Lied allein – ohne die anderen Beatles – und mit einem Streichquartett als Begleitung aufzunehmen. Auf das Arrangement (*„it´s pretty naive – utter simplicity*")[68] ist er zurecht stolz, ein Teil der Partitur hängt eingerahmt an der Wand seines living room. Wie „Yellow Submarine" oder „When I´m 64" hat das Werk nicht nur Volksliedcharakter

---

[66] Ian Macdonald: Revolution in the Head. London, 1994. p. 45

[67] Leute, die diese Musik (noch) nicht verstanden, waren Martins Kollegen auf der anderen Seite des Atlantiks. Sie lehnten es ab, die Platte zu veröffentlichen, weil u.a. die Produktion zu rau und wild klang für eine weiße Gruppe. Außerdem sahen sie – als würdige Nachfahren der Puritaner – in dem Refrain „please please me" eine Aufforderung zur Fellatio.

[68] Zum Vergleich sollte man Streicherarrangements wie bei den Moody Blues zu „Nights In White Satin" hören.

eingenommen, es ist zu einem Weltkulturerbe geworden, das bis heute mehr als 3000 Mal gecovert worden ist.

(26)

Auch musste er als studierter Musiker John Lennons abenteuerlichen Vorstellungen wie „Ich möchte das Sägemehl riechen können“ oder „Ich stelle mir einen Sound vor wie 1000 tibetanische Mönche am Himalaya“ in Noten übersetzen – und das auf den primitiven 4-Spur-Aufnahmegeräten der Abbey Road Studios. Aber mit seiner ruhigen Art und seinem technischen Know-how schaffte er es immer wieder, auch die wildesten Ideen umzusetzen und dabei die Experimentierlust der Band nicht zu unterdrücken.

Dieses Abbild eines englischen Gentlemans hat immer hingewiesen auf „the very Englishness“ seiner Jungs.[69] In seinem Lied “India” bekennt John Lennon: „*India, India, ... Sit here at your feet so patiently, I'm waiting by the river, but somewhere in my mind, I left my heart in England*.” Wie sehr auch George Martins Herz für England schlägt, sieht man an Szenen aus der BBC Sendung „Arena“[70]: bei der Fahrt im Morris Minor oder bei der Zeremonie des „Afternoon Tea“ („*It´s a very civilized thing*“).

---

[69] Bis zuletzt nannte er die vier Beatles nur „the boys“, auch als diese längst erwachsen waren.

[70] BBC Four Arena: „Produced by George Martin“. 9.3.2016. https://www.bbc.co.uk/programmes/b010t9hz

(27)

(28)

Von den Beatles selbst wurde er immer mit einer gewissen Ehrfurcht angesehen, auch weil er aus einer ganz anderen Welt zu stammen schien. Mit dem richtigen Akzent, immer im Anzug und mit Krawatte, waren er und seine Frau Judy für die Beatles einfach „dead posh“, unheimlich vornehm und upper class[71] - „The Duke of Edinburgh“ eben, wie die Beatles ihn gerne nannten.

(29) 2:02–2:24

Ohne ihn hätten wir die Beatles nicht so, wie wir sie kennen. Sein Beitrag zur Entwicklung der Popmusik ist kolossal. Als Techniker, der sich seit den Goon Shows mit Experimenten im Studio auskannte, und als Ästhet mit klassischer Ausbildung förderte er das Talent der Beatles. Was schließlich zu der Frage führt:

"Could he have done something similar with ... another gang of competitive, irascible auto-didactic ruffians craving glamour, experience and self-enlightenment? Was it specifically those four scurrilous, quick-witted, goonish,

Hätte er etwas Ähnliches schaffen können mit einer anderen Gang von hochmotivierten, reizbaren, autodidaktischen Lümmeln, die nach Ruhm strebten, nach Erfahrungen und Selbsterleuchtung? Gab es nur gerade diese vier eigenartigen, schlagfer-

[71] Dabei war er eigentlich ein verkappter Cockney aus einem Londoner Vorort, der sich den BBC Akzent mühsam erarbeitet hatte.

angry young men?”[72]	tigen und von den Goons geprägten zornigen jungen Männer[73]?

Michael Pilz stellt die Frage andersherum und gibt auch gleich die Antwort:

“*Was wäre aus der Welt geworden, wenn die großen Plattenfirmen in den Beatles anfangs keine Band wie jede andere gesehen hätten, sondern schon die Utopie? Wenn Decca, HMV oder Columbia sie verpflichtet hätten? Und nicht ... George Martin ...? Die Beatles wären eine Band geworden wie die Rolling Stones.*“[74]

Ein schönes Bild von George Martin mit den frühen Beatles mit dem typischen „cup of tea“ während einer Studiopause findet man im „Rolling Stone“.[75]

(30)

[72] Paul Morley a.a.O.

[73] Der Ausdruck „angry young men“ verweist auf das Theaterstück „Look back in anger“ von John Osborne aus dem Jahr 1956. Im Folgenden wurden gesellschaftskritische Künstler, die die englischen Klasssengesellschaft und Probleme der sozialen Entfremdung thematisierten, als „angry young men“ bezeichnet.

[74] Michael Pilz: “Ohne ihn wüsste niemand, was die Beatles sind“. Auf: welt.de, 09.03.2016. https://www.welt.de/kultur/pop/article153119691/Ohne-ihn-wuesste-niemand-was-die-Beatles-sind.html

[75] Rob Sheffield: “How George Martin Changed the World”. In: Rolling Stone, 09.03.2016.

I saw her standing there

Wenn man das schmalzige “Love me do” gehört hat, muss man zugeben, dass es schwierig ist, genau zu erkennen, warum die frühen Beatles-Platten so eine Wirkung hatten. Aber: “*You'd have to have cloth ears not to understand what the fuss was about.”*[76] (Aber du müsstest Bohnen in den Ohren haben, wenn du nicht verstehst, worum die ganze Aufregung ging.)

Ein erstes Beispiel für „*what the fuss was about*” ist “I saw her standing there”. Mit dem Count-Off erinnert die Platte noch an die Live-Auftritte in Hamburg und Liverpool, wo der Song an die 10 Minuten dauerte – einschließlich verschiedener Gitarrensoli. Wir kennen aber nur die für die kommerzielle Plattenindustrie gereinigte Fassung, bei der nicht nur das Gitarrensolo glattgebügelt ist.

(31)

Durch Paul McCartneys Versionen, die er später bei seinen Live-Konzerten aufführte, bekommt man eine bessere Vorstellung vom „charismatic powerhouse“, wie der erste Schlagzeuger der Beatles, Pete Best, seine ehemalige Band bezeichnete.

---

[76] Alexis Petridis: „The Beatles in mono“. In: The Guardian, 03.09.2009.

(32)

Der Song im Original basiert auf Bluesakkorden, die mit rauer Stimme gesungen werden (seven**teen** 0:10, **I** could **see** 0:35-37 etc.), zeigt mitreißende Bassläufe, hat eine Beatles-typische Rhythmik durch das Händeklatschen in Kombination mit dem Schlagzeug, bekommt zusätzlich Spannung und Vitalität durch das hineingeschrieene „***Wooh***" (0:24, 0.:48 ff) oder „**Wow**, you danced through the night" (1:10), durch die Schreie vor dem Gitarrensolo (1:32) und kulminiert in „myeeeeene".

Ein traditioneller Abschluss der Zeile „I held her hand in mine" würde zu einem Senken der Stimme am Satzende führen. Bei den Beatles führen aber das Glück und der Stolz über die Eroberung des Mädels nicht nur zu der Steigerung in „myeeeeene" (1:05), sondern nochmals zu einem triumphierenden „eeene" (1:08). Ein Eroberungsschrei, der voll ausgelebt wird.[77]

Dazu passt die Metapher *„And my heart went boom when I crossed that room"*. So wie die Melodie bei "myeeeeene" unvorhersehbar ist, aber gefühlsecht für Jugendliche, so neu und direkt ist die Sprache, die hier wie der Bass in die Magengrube geht und nicht als Bild ins Gehirn wie traditionelle Metaphern in der Art von „my heart will sing" oder „take a wing". Außerdem ist die Angebetete hier 17 (und nicht wie in

[77] Hier zeigt sich, wie sehr es von Vorteil ist, dass die Beatles völlig unbedarft waren, was das Erlernen von Instrumenten und klassischen Kompositionen angeht. Was für sie zählte, war der Effekt, die Wirkung ihrer Musik (und ihrer Auftritte). Ihre Angst davor, dass Erlernen die Spontaneität verdirbt, ist vielleicht nicht unbegründet, wenn man an die Aussage des englischen Dichters Alexander Pope (1688-1744) denkt: „A **little** learning is a **dangerous** thing."

den amerikanischen Standards 16) – da kann man mehr wagen, ohne mit einem Fuß im Knast zu stehen: „*You know what I mean.*" Alle diese Stilmittel machen das aus, was Macdonald „*the authentic voice of youth*" nennt.

„I saw her standing there" sent a shock of earthy rawness through a British pop scene ... a directness ... which socked avid young radio-listeners deliciously in their solar plexus. With the authentic voice of youth back on the airwaves, the rock-and-roll rebellion ... had resumed."[78]	*I saw her standing there* erschütterte die britische Popszene mit seiner derben Rauheit ... die so direkt war ... dass sie den begierigen jungen Radiohörern direkt in die Bauchhöhle fuhr und ein wohliges Empfinden bereitete. Damit war die authentische Stimme der Jugend zurück auf Sendung und die Rock´n´Roll Rebellion hatte wieder begonnen.

Etwas theatralischer ist die Schilderung von Keith Blackmore:

"Nothing in all of pop has sounded more spontaneous and exuberant. ... When The Beatles walked into Abbey Road that cold February day, the world outside was revolving slowly in black and white. When they emerged 13 hours later[79]*, it was spinning in glorious Technicolor ... It kicked open the door to the Swinging Sixties, the decade when the modern world really began."*[80]	Nichts in der Geschichte des Pop hat spontaner und ausgelassener geklungen ... Als die Beatles an diesem kalten Februartag die Abbey Road Studios betraten, drehte sich die Welt draußen langsam in Schwarz-Weiß. Als sie 13 Sunden später wieder herauskamen, rotierte sie in prachtvollem Technicolor ... Die Tür zu den Swinging Sixties war aufgestoßen, der Dekade, in der die moderne Welt erst wirklch begann.

[78] Macdonald, a.a.O. p.50

[79] So lang hat die Produktion der ersten LP mit „I Saw Her Standing There" als Opener gedauert.

[80] Blackmoore a.a.O.

Diese Idee des Anfangs einer neuen Zeit nimmt Philip Larkin[81] auf für sein Gedicht über das Jahr 1963 und die sexuelle Revolution, die ja Teil der Swinging Sixties war. Der Titel verweist auf ein gleichnamiges Gedicht von John Dryden, das sich auf das Jahr 1666 bezieht. Es war das Jahr des gewaltigen „Fire of London" und der entscheidenden Seeschlacht gegen die Niederlande, „The Four Days Battle", die größte militärische Auseinandersetzung in der Ära der Segelschiffe. Der gleichlautende Titel der Gedichte unterstreicht die Bedeutung, die Larkin dem Jahr 1963 beimisst. Hier der Text von „Annus Mirabilis":

(33) [82]

Larkin beschreibt den Übergang von einem Nachkriegsengland, das geprägt war von Konservatismus und Verklemmtheit, zu einer offeneren Gesellschaft mit einem farbenfrohen Erscheinungsbild und dem Verlangen nach Selbstverwirklichung und Freude.

Diesen Aufbruch in eine neue Zeit symbolisieren die Aufhebung des Verkaufsverbots des als obszön geltenden Romans „Lady Chatterly´s Lover" und das Erscheinen der ersten LP der Beatles. Die persönliche Anmerkung in Klammern zeigt, dass Larkin etwas enttäuscht zu sein scheint, nicht daran teilhaben zu können. Sein Werk wird zuweilen als „poetry of disappoinment" beschrieben. Dieser persönliche Frust verbindet sich mit einer generellen Skepsis gegenüber dem modernen Leben, in dem Hoffnungen und Träume immer wieder an der Realität zerbrechen.

---

[81] Philip Larkin (1922 – 1985), englischer Dichter, Autor und Jazzkritiker aus Hull.

[82] Philip Larkin: „Annus Mirabilis". In: High Windows, 1974.

„Annus Mirabilis" entstand 1967 und ist daher schon ein Rückblick auf diese Aufbruchszeit. Für Larkin haben die Versprechen dieser Epoche nicht gehalten. Beim Erscheinen von „Sgt. Pepper´s Lonely Hearts Club Band" in diesem Jahr äußert er sich genau so kritisch über die Entwicklung der Beatles:

„So gigantic a success as theirs seems like the tapping of some unsuspected socio-emotional pressure that when released swept them completely away from their natural artistic context to perish in the rarefied atmosphere of hagiolatry. The four tiny figures, jerking and gesticulating inaudibly at the centre of larger and larger stadiums of screaming[83]*, were destroyed* [84] *by their own legend."*[85]

Solch ein enormer Erfolg wie ihrer scheint wie das Anstechen eines unerwarteten sozio-emotionalen Drucks zu sein, der, als er frei wurde, sie hinwegspülte aus ihrem natürlichen künstlerischen Kontext und sie stranden ließ in dieser seltsamen Atmosphäre der Heldenverehrung. Diese vier winzigen Figuren, die wild herumzucken und gestikulieren, ohne dass sie zu hören wären im Geschrei immer größeren Stadien, wurden durch ihre eigene Legende zerstört.

Als bewussst verständlich im traditionellen Stil schreibender Dichter war er gegen jeden Modernismus. Die Entwicklung der Beatles von „Please, please me" zu surrealer Sprache, orientalischem Mystizismus und Avantgarde-Elementen in der Musik war für ihn schwer nachvollziehbar. Seiner Meinung nach verloren sie so die einfache Sekretärin aus dem Cavern Club als Fan zugunsten *„the nuttier intelli-*

[83] Siehe dazu auch QR-Link 72, Shea Stadium.

[84] Nicht nur im übertragenen Sinn im Fall des John Lennon.

[85] Philip Larkin: "Only of course they were not altogether ordinary". In: Observer, 9.10.1983. Zitiert nach: https://amoralto.tumblr.com/post/183316380617/only-of-course-they-were-not-altogether-ordinary

gentsia"[86] (bekloppter Intellektueller), zu denen immerhin Wilfrid Mellers und Leonard Bernstein gehörten, die weiter unten noch zu Wort kommen werden.

Aber vielleicht haben sich mit den Beatles ja auch die Mädels aus dem Cavern Club geändert. Auf Sgt. Pepper findet sich nämlich genau solch ein „einfaches Mädchen", das ausbricht aus den Normen und Verhaltensvorschriften der Eltern sowie der traditionellen Institutionen, die „Lady Chatterly" verbieten. Sie versucht, „fun" zu finden, was sicherlich auch die sexuellen Freiheiten im „Summer of Love" der Swinging Sixties meint. Für sie ist der Ausbruch tatsächlich „*A brilliant breaking of the bank*". Und „*A shame that started at sixteen*" war Liebe schon lange nicht mehr: „*She was just seventeen – if you know what I mean*(!)". Nicht nur Larkin konnte ironisch sein, wenn es um mehr geht als „*hold her hand in myeeeene*".

Dass das neue Lebensgefühl nicht unbedingt „*an unlosable game*" war, würden „the girl" aus „She´s Leaving Home", die Hippies und die Baby Boomers später auch erfahren. Eine ausführliche Analyse des Songs erscheint im Kapitel „Sit back and let the evening go".

Immerhin gesteht Larkin in seiner Rezension zu Sgt. Pepper:

„*When you get to the top, there is nowhere to go but down, but the Beatles could not get down. There they remain, unreachable, frozen, fabulous.*"	Wenn du es bis an die Spitze geschafft hast, kann es nur noch abwärts gehen. Aber für die Beatles konnte es kein Abwärts geben. Deshalb bleiben sie dort, unnahbar, kalt, märchenhaft/fabelhaft.

Mit den erstarrten Denkmälern sind vielleicht die in Schwarz gekleideten Beatles aus der Wachsfigurensammlung der Mme Tussaud auf dem Sgt. Pepper Cover[87] gemeint. Die bunten Schmetterlinge in ihren farbenfrohen Kostümen, die

[86] Larkin, a.a.O.

[87] Siehe Seite 131.

daraus hervorgegangen sind, hatte Larkin offenbar nicht im Sinn. Diese hatten mit „Revolver“, „Sgt. Pepper“ und der „Magical Mystery Tour“ mittlerweile die gesamte Popwelt auf den Kopf gestellt. Deshalb meint Keith Blackmoore:

“He may have been a great poet but he was wrong about The Beatles. Not surprising, really. Larkin hated change and The Beatles changed everything.”[88]

Er [Larkin] mag ein großer Dichter gewesen sein, aber mit den Beatles lag er falsch. Das war auch eigentlich nicht überraschend. Larkin hasste Veränderung, und die Beatles veränderten alles.

[88] Blackmoore a.a.O.

Sie liebt dich, ja ?!

Auch „*She loves you*" ist noch ein typisches Beispiel für die Beatles als in erster Linie Live-Band. Der Text ist völlig unerheblich. Ausschlaggebend ist der Effekt der Komposition, ganz im Sinne des Hamburger Mottos „Mach Schau!":

She loves you
Yeah, yeah, yeah
She loves you
Yeah, yeah, yeah
She loves you
yeah, yeah, yeah
YEAH!

Man kann den Produktionsassistenten verstehen, der beim Durchlesen des Textes die Hände über dem Kopf zusammenschlug vor ungläubiger Verzweiflung, der aber dann beim Einspielen des Songs schon nach den ersten Takten völlig überzeugt war.

„*Anyone today listening to ‚She Loves You' for the first time will be amazed how a record so over-laden with platitudes and personal pronouns can sound so casually brilliant.*"[89]

Jeder, der heute zum ersten Mal „She loves you" hört, wird erstaunt sein, wie eine Platte, die so überladen ist mit Plattitüden und Personalpronomen, ganz einfach brillant klingen kann.

---

[89] Phil Bowen: "Editorial". In: Phil Bowen / Damian Furniss / David Woolley (Hrsg.): Newspaper Taxis – Poetry After The Beatles. Bridgend, 2013.

„She loves you" wurde geschrieben in einem Hotelzimmer in Newcastle während der Tournee im Juni 1963. Musikalisch sind die Harmonien auffallend. Sie sind ja echt, nicht am Mischpult oder am Computer hergestellt und folgen keinem orthodoxen Melodie-Harmonie-Schema. Alan W. Pollack versucht in einem sehr ungewöhnlichen Artikel, den ich als Nicht-Musiker nur halb verstehe, solche Phänomene dennoch anschaulich zu beschreiben:

"Also enjoy the way in which that opening verse scale outlines an awkwardly pungent Major seventh; from the word "think" up to "saw." It's the musical equivalent of getting your arm locked/twisted in a funny position... By that point, the melodic pattern is sufficiently well established for you to accept it over the G chord even though it doesn't belong there, strictly speaking... In the final result, that E sitting on top of the G triad ***serves no structural musical purpose other than to give sensuous delight****."*[90]

Genießen Sie einmal, wie die Eingangsstrophe mit einem auf den ersten Blick unbeholfen wirkenden stechenden Dur-Septakkord umgeht; vom Wort „think" bis zu „saw". Das ist musikalisch gesehen so, als wenn dein Arm zweimal in eine komische Position gedreht würde ... Aber bis dahin ist das Melodiemuster gut genug eingeführt worden, dass man es über den G-Akkord akzeptiert, obwohl auch der eigentlich gar nicht dahin gehört ... Im Endergebnis hat das E über dem G-Dreiklang keinen anderen Sinn für die musikalische Struktur als sinnlichen Genuss zu bereiten.

Später beschreibt er die unkonventionellen Kompositionsstrukturen mit einem Bild, das diesmal nicht aus der Gymnastik stammt, sondern aus einem Bereich, der den Genießeraspekt dieser Analyse unterstreicht:

---

[90] Alan W. Pollack: "Notes on 'She Loves You'". In: Soundscapes.info. (Hervorhebung von mir) http://www.icce.rug.nl/~soundscapes/DATABASES/AWP/sly.shtml

“... being a surprisingly early example of what, over the long run, would emerge as ***a Beatles penchant for mixing stylistic elements*** *that seem to be* ***mutually antagonistic and/or individually anachronistic***[91] *in ways that* ***create surprising, Nouvelle cuisine-like ☺ effects.“***[92]

... es ist ein erstaunlich frühes Beispiel für das, was sich im Laufe der Zeit als Vorliebe der Beatles erweisen würde, stilistische Elemente zu kombinieren, die sich gegenseiting auszuschließen oder jedes für sich antiquiert zu sein scheinen, so dass sich überraschende Effekte ergeben, wie sie in der Nouvelle Cuisine vorkommen.

Solche überraschenden Aspekte oder auch „sinnliche Genüsse“ sind bei Sängern und Bands durchaus wichtig, besonders, wenn sie live auftreten oder wie heute in Videoclips. Die Generative Transformationsgrammatik[93] (ein Erklärungsmodell aus der Sprachwissenschaft) unterscheidet zwischen Tiefenstruktur und Oberflächenstruktur, zwischen Kompetenz und Performanz – ein Ansatz, der durchaus brauchbar ist für die Beatles-Analyse.[94] Die Melodie, eine objektive Notenstruktur auf dem Blatt, ist gleichsam die Tiefenstruktur oder die theoretische Grundlage, die immer gleich bleibt. Die tatsächliche Umsetzung an der Oberfläche ist dann die Performanz. Und hier gibt es von Künstler zu Künstler deutliche Unterschiede.

Es gibt solche, die von der Oberflächenstruktur, der „Performance“, leben und bei denen die Tiefenstruktur relativ unerheblich ist, wie vielleicht bei Lady Gaga – und zum gro-

[91] Siehe dazu Goodalls Bemerkungen zur Tonart des Modus oder zur „plagal cadence“ als Schlussakkord von „Eleanor Rigby“ im Kapitel „Abracadabra“.

[92] Pollack, a.a.O. Smiley von mir.

[93] In den 50er Jahren von Noam Chomsky entwickeltes Konzept, um das Funktionieren von Sprache zu erklären. Es betont den dynamischen Prozess des Sprechens, der erklärt, wie man aus einer endlichen Basisstruktur an Wörtern und Regeln unendlich viele Äußerungen erzeugen kann.

[94] Im Kapitel “Sit back and let the evening go” wird dieses Modell herangezogen, um damit die Struktur von “She´s leaving home” zu erklären.

ßen Teil auch bei den frühen Beatles. Nach der Auflösung der Beatles formierten sich immer wieder sogenannte Cover- oder Revival-Bands. Auch diese leben zum großen Teil von der Oberflächenstruktur und der Performanz. Entscheidend bei ihnen ist, wie ähnlich die vier Musiker den (meist frühen) Beatles sehen und wie gut sie ihre Körpersprache imitieren. Das geht so weit, dass der Bassist möglichst Linkshänder sein muss. Einen anderen Weg gehen die „Analogues“[95]. Sie konzentrieren sich auf die Tiefenstruktur, die Partitur. Sie führen die Stücke möglichst werkgetreu und größtenteils mit Originalinstrumenten auf, wie eine Symphonie. Keiner imitiert dabei John oder Paul. Deren Gesangspart wird von unterschiedlichen Bandmitgliedern übernommen, je nachdem, wer für das betreffende Stück am besten geeignet erscheint.

Solange die Beatles noch live auftreten, sind ihnen natürlich die Art der Präsentation, das Agieren auf der Bühne und damit der Kontakt zum Publikum wichtig. So enthält „Shc loves you“ im Bereich der Performance einen weiteren für das Endprodukt entscheidenden Gimmick: das Wilde-Haare-Schütteln bei den Falsetto „Ooooh“s. „*The record´s hottest attraction*“ nennt Ian Macdonald den „Yeah,yeah, yeah“-Refrain und das „Ooooh“. Denn es ist visuell äußerst wirksam, wenn Paul und George gemeinsam ihre Pilzköpfe schütteln. Wie war das in Hamburg? „*Mack Schau – noch einmal!*“. Die anderen Künstler auf der Tournee in Newcastle haben die Beatles bei den ersten Proben ausgelacht, doch die Beatles haben sich nie an die Vorgaben anderer Leute oder irgendwelche Konventionen gehalten. Wirksame Bühnenauftritte hatten sie schließlich in den langen Nächten auf der Reeperbahn gelernt.

---

[95] Eine niederländische Band, 2014 gegründet. Ihre Mitglieder haben als Ziel, die innovativen Alben, die ab 1966 mit viel Experimentierfreude und Studiotechnik entstanden, live auf die Bühne zu bringen – möglichst ohne digitale Unterstützung.

„The result is an authentic distillation of the atmosphere of that time, and one of the most explosive pop records ever made.“[96]

Das Resultat ist eine authentische Verkörperung der Atmosphäre zu jener Zeit und eine der explosivsten Platten, die jemals produziert wurde.

Nun aber genug der Analysen.

„There's not much more your learned astronomer ... can say about this effect; the theoretician stands in awe of a natural, miraculous phenomenon.”[97]

Es gibt nicht viel mehr, was ihr gelehrter Sterndeuter über diesen Effekt noch sagen könnte; der Theoretiker steht voller Hochachtung vor einem naturgegebenen wundersamen Phänomen.

(34)

„She loves you“ erschien als „Sie liebt dich“ auch in einer offiziellen von den Beatles auf Deutsch gesungenen Version. Peter Sellers von den Goons produzierte eine eigene mit einem ganz speziellen deutschen Hintergrund.

Leider ist auf YouTube das originale Video durch eine „gereinigte Fassung“ ersetzt worden. Der Text beginnt mit den Zeilen: „ *Ve haff mate several experimentz and come to ze conclusion* ...“. Die „experiments“ sind natürlich Folterungen durch die SS, und die Figur, der der Sprecher Bericht erstattet, ist Adolf Hitler. Diesen muss man sich nun in den entsprechenden Posen bei seinen Kommentaren *„Ja?!“* und bei seiner Antwort *„Gutt!*“ auf *„You hurt her so*“ vorstellen, genauso wie Bilder vom Nürnberger Parteitag am Schluss.

---

[96] Macdonald, a.a.O., S.62.

[97] Pollack, .a.a.O.

(35)

Seemingly identical – but they are not: harmonies and words

Nicht wirklich zuordnen zu den Bereichen Kompetenz oder Performanz kann man bei den Beatles die Stimmen von John Lennon und Paul McCartney. Eigentlich sind sie Teil der Oberflächenstruktur, denn sie geben ja – wie ein Instrument – nur die in der Partitur vorgegebene Melodie wieder. Diese beiden Stimmen sind aber für einzelne Beatlessongs so charakteristisch und für deren Wirkung so entscheidend, dass man sie vom Kern des Liedes nicht trennnen kann. Songs wie „Strawberry Fields", „Hey Jude" oder „A Day in the Life" verlieren einen Teil ihrer Magie, wenn man die Stimmen austauscht. Das muss man selbst bei den Analogues feststellen.

Doch nicht nur die Einzelstimmen, auch die Stimmen von John, Paul und George in ihrem Dreiklang sind ein wichtiger Bestandteil des Geheimrezepts „Beatles". Sie sind ein entscheidendes Element für die Wirkung von „She Loves You" (sowie vieler anderer Songs, besonders aus der Anfangsphase) und von Beginn an ein wesentlicher Bestandteil der Show. Sie sind hörbarer Ausdruck für das sichtbare Funktionieren dieser Band und mitentscheidend für das Gesamtbild. Pollak fasst das für den Schlussakkord bei „She loves you" noch einmal so zusammen:

"The first iteration of the yeah-yeah-yeah motive in the outro is purely instrumental, with the voices singing only the final two repeats. Their pride

Die erste Wiederholung des "Yeah-yeah-yeah Motivs" am Ende ist rein instrumental, die Stimmen singen nur die letzten zwei Wiederholungen. Wie stolz die Beatles auf den Klang dieses

in the sound of that final chord, with their three voices singing B, D, E, close together, is manifest in the way they sustain it a brief instant after the instrumental sound has died away. The sensuous experience of a single three note like that with two of your friends is worth having at least once in a lifetime;"[98]

letzten Akkords sind, wo sie b, D und E ganz nah beieinander stehend singen, zeigt sich in der Art, wie sie diese Harmonie noch ausklingen lassen, wenn die Instrumente schon verklungen sind. Die sinnliche Erfahrung, solch einen Dreiklang mit zwei Freunden zu singen, sollte man wenigstens einmal im Leben machen.

Dabei bemerkt der Zuhörer oft gar nicht, wie schwierig es ist, diese Harmonien zu reproduzieren. Nicht zuletzt gibt es zahlreiche YouTube Videos, wo versucht wird, die komplexen Harmonien der Beatleslieder in ihre Einzelstimmen zu zerlegen. Es fällt erst dann auf, wenn man es selbst einmal versucht oder gezeigt bekommt. Eine Anleitung dazu gibt Galeazzo Frudua[99] für den Song „The Word".

(36)

Allgemeine Vorbemerkungen: 0:00 – 0:30 + 0:52 – 1:43

Besonders: 1:31 – 1:43 + 3:16 – 3:25

Analyse der Harmonien ab 4:10

Wie bei den Beatles üblich, scheint das Lied wieder recht einfach aufgebaut zu sein. Es hat vier Strophen „*seemingly identical – but they are not!*", wie der Autor des Videoclips zu Recht sagt. Was recht simpel erscheint, ist komplizierter, als man denkt.

---

[98] Pollack, a.a.O.

[99] http://www.youtube.com/watch?v=b1ktSH1xfvg

Einfach ist bei „The Word" die Tiefenstruktur[100] – sowohl auf der musikalischen wie auch auf der sprachlichen Ebene. Einfach heißt aber hier nicht simpel. Auffallend sind zunächst einmal die vielen Wiederholungen. Die drei ersten Strophen gleichen sich völlig, nur einmal wird das Wort „say" durch „spread" ersetzt. Auch syntaktisch sind sie immer nach demselben Muster aufgebaut:

Aufforderung(=wenn) + and (=dann) + X (= Effekt)
Aufforderung(=wenn) + and (=dann) + X (= Effekt)
Aufforderung + Bezug Hörer – Sprecher „I"
Frage (Ansprache Hörer „you") +
Aussage / Message (= DIE Antwort)

Say the word and you'll be free
Say the word and be like me
Say the word I'm thinking of
Have you heard
the word is love?

Zusammengehalten und zugleich „harmonisch" werden die Zeilen durch die Lautverteilung innerhalb des Textes. Natürlich sind die syntaktisch gleichen Anfänge der ersten 3 Zeilen auch lautlich gleich. Aber auch die 4. Zeile wird phonetisch in diesen Kontext eingebunden: „word" und „heard" am Ende der Halbzeilen in Vers 3 und 4 sind ein Reim, die beiden Halbzeilen in Zeile 4 werden durch den Binnenreim „heard the word" dicht aneinander gebunden.

Was für den ersten Teil der Halbzeilen gilt, erkennt man auch im zweiten Teil: Die Zeilenenden reimen sich (free – me + of – love), vertikal und auch horizontal werden sie zusammengehalten durch die „unnormale", weil quantitativ übermäßige Wiederholung des /i/-Lautes: be + free / be + me + thin + king. Dies kann eine verkürzte Aussage des Gedankens

---

[100] Das zugrunde liegende Fundament – statisch, unveränderbar.

in der Tiefenstruktur sein: „Denk mal darüber nach und du bist frei wie ich".

Eine Rahmenstruktur ergibt sich durch das Auftreten des „you" für den Hörer in der ersten und letzten Zeile, das die Pronomen „me" und „I" für den Sprecher im Mittelteil der Strophe umschließt.

Auch solche Stilmittel verleihen einem Text Poetizität. Im Strukturalismus wird Literarizität durch die Abweichung vom praktischen Gebrauch in der Alltagssprache definiert. In der Alltagssprache wähle ich die Wörter danach aus, wie sie am besten meine inhaltliche Information übermitteln können. Aber "*die* ***poetische*** *Funktion überträgt das Prinzip der Äquivalenz von der Achse der Selektion auf die Achse der Kombination*"[101], das heißt die Gestalt gebende Kombination der Laute in „me – be – free" wird jetzt wichtig und selbst der dreifach gleiche Versanfang.

Diese syntaktisch-phonetische Eintönigkeit ist dann nicht mehr ein Zeichen von Phantasielosigkeit, sondern stellt einen Bezug zwischen Form und Inhalt her. Sie vermeidet somit das Abgleiten in Kitsch oder Banalität. Denn „*hat man einmal strukturelle Verbindungen herausgearbeitet, muss man in einem zweiten Schritt untersuchen, welche Bezüge auf der Bedeutungsebene damit impliziert werden.*"[102]

Die nur aus wenigen Tönen bestehende Melodie unterstützt die Struktur der sprachlichen Ebene. Die „Melodie" lenkt nicht ab von der Eindringlichkeit der Aussage, sondern nimmt „gebetsmühlenartig" den Gedanken eines Mantras auf. Mit ihren 2 oder 3 Tönen erinnert sie schon an das Musikgenre „Drone" mit seiner atmosphärischen, meditativen Monotonie.

---

[101] Roman Jakobson: „Linguistik und Poetik". In: Jens Ihwe (Hg.): Literaturwissenschaft und Linguistik. Ergebnisse und Perspektiven, Frankfurt/M. 1971, S. 142-178.

[102] Jakobson a.a.O.

Die komplizierten Harmonien im Schlussvers „Say the word love“ verhindern eine mögliche Langeweile während der dreifachen Wiederholung, ohne ablenkend zu wirken. Das viermalige Aussprechen dieses Wunsches oder Ratschlags kann man als Anregung für eine Kurzmeditation verstehen, denn der Satz wird wie ein Mantra im Gedächtnis haften bleiben[103] - bis zum Höhepunkt, der Metapher in der letzten Strophe. Sie beschreibt die Vorstellung, dass – nachdem man das Mantra durch die ständige Wiederholung internalisiert hat – dieses Wort am Ende selbst aus dem Inneren heraus spricht, wie etwas Göttliches eben („Ich bin das Wort“) – wenn man ihm nur eine Chance gibt.

Give the word a chance to say
That the word is just the way.

(37)

[103] Wenn man sich den Clip zweimal angeschaut hat, hat man einen Ohrwurm.

The word is just the way

In dieser Hinsicht ist „The Word" ein Wendepunkt. Vor „The Word" bedeutete „love" in den Songs immer eine individuelle Boy-Girl-Beziehung, so wie in „She loves you". Hier – wie im weiter unten erwähnten „Because" – ist „Love" gemeint als Lebensphilosophie, als Antwort auf die Fragen und den Sinn des Lebens. Von jetzt an verbreiten die Beatles ihren Glauben an „Love" konsequent als ein Mittel, die Widrigkeiten der Welt zu überwinden. Solch eine Form von Offenheit, Zuneigung und Zärtlichkeit hätte auch Eleanor Rigby geholfen. [104]

„Say the word ‚love'." Mit dieser Idee des Mantras waren die Beatles an der Spitze einer diesmal nicht nur musikalischen, sondern gesellschaftlichen Entwicklung, wenn nicht sogar ihrer Zeit voraus. LOVE als Schlagwort der „counter culture" war 1965 höchstens bekannt bei einer *„LSD-using élite in California and London´s Notting Hill"*.[105] *"Have you heard the word is LOVE?"* Nein, viele hatten noch keine Ahnung, aber die Beatles hatten ihre Lebensphilosophie gefunden, und es blieben immerhin noch 18 Monate Zeit, sie zu verbreiten, bis die Welt den „Summer of Love", den Höhepunkt der Hippie-Bewegung, feiern sollte. Die Vorreiterrolle der Beatles wird in diesem Song deutlich: *„I´m here to show everybody the light"*. Danach wurde „Love" Grundstein der

---

[104] Siehe dazu das Kapitel „Slow down".

[105] MacDonald, a.a.O., S.143

alternativen Gesellschaftsideen, die in einer Art romantischer Utopie münden sollten. Diese beinhaltete Love-Ins, Be-Ins, Musik als Gemeinschaftserlebnis, die Einnahme von Drogen, Mystizismus und Meditation.

Die gleiche Message wird verbreitet in einem späteren Text[106], der ähnlich skurril erscheint und der auch ähnlich wirkt durch seine Harmonien: "*Because*". Wie subtil die Beatlesharmonien hier sind, wird jeder Chor erfahren, wenn er „Because" a capella singt, so, wie die Version auf „Love".[107]

(38)

Viele haben nicht nur mit den Harmonien in „Because" ihre Schwierigkeiten, sondern auch mit dem Text: Er scheint ähnlich simpel zu sein wie der von „She Loves You".

Because the world is round it turns me on
Because the world is round...aaaaaahhhhhh
Because the wind is high it blows my mind
Because the wind is high...aaaaaaaahhhh
Love is old, love is new
Love is all, love is you
Because the sky is blue, it makes me cry
Because the sky is blue...aaaaaaahhhh

---

[106] Auf Abbey Road, 1969

[107] Ein für die gleichnamige Aufführung des „Cirque du Soleil" entstandener Remix von Beatles Songs aus dem Jahr 2006. George Martin und dessen Sohn Giles erstellten mit Zustimmung der noch lebenden Beatles und der Witwen von George Harrison und John Lennon neu abgemischte Medleys aus den Originalaufnahmen der Abbey Road Studios in den Abbey Road Studios.

Der Text spielt mit der konnotativen Bedeutungsebene der Wörter. Die Bezüge zur Realität sind nicht eindeutig und regen an zu möglichen Assoziationen. Das Ausgangsbild, das man sich hier vorstellen muss, ist unser Blauer Planet, der bewirkt, dass dem Sänger die Tränen kommen – *it makes me cry*. Die Tränen können aber zwei verschiedene Gründe haben: Wenn der Himmel traurig=*blue* ist, kann sich das auf den Betrachter übertragen. Dann wird der Himmel Spiegel der eigenen Seele. Ein strahlend blauer Himmel oder unser blauer Planet als Ganzes können jedoch auch etwas so Schönes sein, dass einem vor Glück und Freude die Tränen kommen, denn die Schönheit dieser Erde ist berauschend. „Rausch" ist dann auch das zweite Wortfeld neben „blue", das für den Text eine Rolle spielt mit Bezugswörtern wie „it turns me on", „high" und „blows my mind".

Der künstlerische Trick auf sprachlicher Ebene ist, dass sich durch die syntaktische Struktur des Textes die semantische Aussage der Wörter ändert. Die Zeilen könnten jeweils nach der Verbalphrase geteilt und beendet werden:

Because the world is round – *it turns.*
Because the wind is high – *it blows.*

Dann mache ich jeweils recht banale Aussagen über die Natur. Wenn ich die Zeilen aber vervollständige, mache ich Aussagen über die Wirkungen der Natur auf den Menschen. Dabei ändert sich auch die Bedeutung des Verbs: Das Verb "turn" ändert seine Bedeutung von *„die Welt dreht* ***sich***" nach *„sie versetzt* ***mich*** *in einen rauschhaften Zustand"*. Und aus dem „blow" bei *„**er** bläst"* wird *„das nimmt* ***mir*** *den Verstand"*.

„It blows my mind": Die Welt mit all ihren Facetten wirkt überwältigend auf den Betrachter, der in ein rauschartiges Glücksgefühl versetzt wird: *high* – hat sich übertragen vom Wind auf den Betrachter, der auch „high" ist. In das gleiche Wortfeld „Rauschzustand" gehört, wie gesagt, *„turns me on"*[108].

Die schillernden Bedeutungsmöglichkeiten einer Wechselwirkung zwischen Natur und Betrachter ziehen sich durch das ganze Lied (wobei die blau unterlegten Wörter die Doppeldeutigkeit einer einfachen Naturbeschreibung einerseits und eines Gefühlszustandes andererseits zeigen, und die rot unterlegten Beispiele auf den emotionalen (Rausch-) Zustand dieser überwältigenden Erfahrung verweisen):

Sky	**blue** / **blue**/			me cry
Wind	**high** / **high**/ blows		**blows**	**my mind**
World	round /	turns	**turns**	**me on**

Auch hier zeigen sich die Beatles als subtile Künstler der Sprache. Mit einfachsten Mitteln und unprätentiösen Wörtern der Alltagssprache wird nicht nur mit der Ungleichheit von Bedeutungen bei gleichem Klang gespielt, es wird auch noch die dritte Komponente mit einbezogen, die Sprache definiert, nämlich die Syntax.

[108] Dieser Ausdruck verweist auf den Drogenguru Timothy Leary und seine ständig wiederholte Forderung „Turn on – tune in – drop out".

Wie bei „The Word“ und seiner minimalistischen Konstruktion ist auch die Aussage ähnlich. In der sich ständig wiederholenden Wiederkehr der sich drehenden Erde (als Naturphänomen) erkennen die Beatles das Prinzip, das uns (als Menschen) im Leben bewegt: Love. „Love is old – Love is new“: Der scheinbare Widerspruch *old – new* ist keiner, es handelt sich nur um die Wiedergeburt desselben Phänomens in einer von Mensch zu Mensch etwas anderen, ewig neuen Form.

So wie die zwei Wörter „old“ and „new“ dann faktisch eins werden, splittert sich das eine „you“ auf in verschiedene Objekte. Einmal ist es der vom Sänger angesprochene einzelne Zuhörer. Der Sänger appelliert an dessen Verantwortung, indem er ihn daran erinnert, wieviel Liebe in jedem Menschen steckt, und wieviel jeder Einzelne davon geben könnte. Darüberhinaus ist die Aussage „Love is you“ = „die Liebe – das bist du“ eine mögliche Danksagung an eine bestimmte geliebte Person oder aber an die Mitmenschen als Ganzes (= „ihr“), von denen wir so viel Liebe (zurück)bekommen. Auch dann haben wir wieder einen Kreislauf, den des Gebens und Nehmens: Ich bin der, wie er von den anderen zurückgespiegelt wird (= Sartre) oder in Beatlesspeak: *„I am he as you are he as you are me and we – are all together“* bzw. *„and in the end, the love you take is equal to the love you make“.*

Kompositorisch basiert “Because” auf Beethovens Mondscheinsonate. Die Beatles haben sich immer von ganz verschiedenen musikalischen Einflüssen inspirieren lassen. Von der Ballroom- oder Schlagermusik der 40er Jahre und des Swing wie in „When I´m 64“, durch Standards wie „Besame Mucho“, durch Bachs Brandenburgische Konzerte, aus denen die Piccoloflöte in „Penny Lane“ stammt, durch Liverpooler Gassenhauer wie „Dirty Maggae Mae“ oder durch die Loops der Avantgarde Musik von John Cage und Karl-Heinz Stockhausen. Aber immer schafften es die Beatles, dass die dadurch entstehenden Lieder am Ende doch typische Beatles-Songs wurden.

(39) ab 26:30 oder 27:45 – 29:07

Bei „Because“ gelingt das nicht zuletzt durch die Harmonien.

(40)

Doch auch der Text ist ein typisches Spiegelbild der Beatlesphilosophie und deren inhärentem Optimismus. *„Love is all, love is you“* wurde vorbereitet durch *„And the word is love“* oder *“All you need is love”*. Hier geht es nicht mehr um Liebe als jugendliche Schwärmerei wie in “Love me do”, hier geht es um die Gemeinschaftlichkeit aller Menschen, ein Band, das uns in idealer Weise verbindet. Das waren auch die Idealvorstellungen der Hippiebewegung. Natürlich kann man darüber streiten, inwieweit solche Vorstellungen realistisch sind. Auch die führenden Köpfe der Haight Ashbury in San Francisco[109] sehen dieses Leitbild im Nachhinein zum Teil kritisch. Doch die Beatles standen bis zum Schluss – ihrem letzten Lied auf dem letzten Album – zu diesem Ideal:

“And in the end, the love you take
is equal to the love you make.“

[109] Zentrum der Hippie-Bewegung in den 60er Jahren. Jefferson Airplane, Grateful Dead und Janis Joplin wohnten dort.

(41)

Cheeky! - Faces of a New Britain

Aber noch sind wir in der Schwarz-Weiß-Ära der Fab Four. Es ist der Beginn einer neuen Ära, in der die Beatleshysterie ihren Höhepunkt erreicht. Der Liverpooler Autor Jeff Young beschreibt diese Aufbruchstimmung so:

„On a big fat reel-to-reel tape recorder we would record ourselves singing ... The Beatles 'She Loves You', emphasis on the 'Yeah, Yeah, Yeahs', laughing when we played back the recordings at the electronic distortion of our voices. We were the Beatles. *The Future had arrived and we were at its beginning. The buildings of Liverpool were black with soot in those days. I thought they were supposed to be that colour and that perhaps they were made of coal. Out of this darkness a new city grew ... There seemed to be a sense that the city was wak-*

Auf einem monströsen Spulentonbandgerät nahmen wir uns auf, wie wir sangen ... ‚She Loves You' von den Beatles, besonders laut bei den ‚Yeah, Yeah, Yeahs'. Wenn wir dann die Aufnahme abspielten, mussten wir über unsere verzerrten Stimmen lachen. In diesen Momenten *waren* wir die Beatles. Die Zukunft war gekommen und wir kriegten ihren Anfang mit. In dieser Zeit waren die Liverpooler Gebäude schwarz von Ruß. Ich dachte, das müsste so sein, und dass sie vielleicht ganz aus Kohle wären. Aus dieser Dunkelheit erwuchs eine neue Stadt ... Man hatte das Gefühl, die Stadt würde aus einem verstörten Traum erwachen, voller Grauen und Verfall, und da wäre plötzlich ein strahlend schöner Morgen.

ing from a troubled sleep of trauma and decay into a bright new morning. Optimisms was the new dawn´s pep pill, an amphetamine boost of energy soundtracked by Fab Four harmonies and whoops. The buildings would no longer be soot-black."[110]

Optimismus war das Aufputschmittel dieses Anbruchs, ein Energieschub wie Amphetamin, unterlegt von den Harmonien und ‚whoops' der Fab Four. Die Gebäude würden niemals mehr schwarz wie Kohle sein …

In dieser Phase sind die Beatles allgegenwärtig. Sie treten im Fernsehen auf, als Gäste in Comedy Shows, sie haben im Radio ihr eigenes Weihnachtsprogramm und sind Teil von Politik und Society. Der neue Premier Harold Wilson, der die Konservativen an der Regierung ablöst, gewinnt sie als Mitstreiter für seine Kampagne „Let´s Build a New Britain", ein Film erscheint, sie treten bei der Royal Variety Performance vor Princess Margret auf, John Lennon veröffentlicht sein Buch, und schließlich werden sie von der Königin geadelt.

(42)

"In 1962, broadcasters still regarded pop music as deeply disreputable, if not dangerous. After some press furore over their haircuts, however, ***the Beatles' cheeky but deferential charm*** *captivated* ***the whole nation****. From now on,*

1962 wurde Popmusik von den Medien noch als äußerst anrüchig betrachtet, wenn nicht gar als gefährlich. Nachdem aber ihr Haarschnitt für Aufsehen gesorgt hatte, fesselte der freche, aber doch respektvolle Charme der Beatles die ganze Nation. Von da an sollte Pop eine Garan-

[110] Jeff Young: Ghost Town. A Liverpool Shadowplay. Little Toller Books, Ford, 2020. S.158. Abdruck mit freundlicher Genehmigung des Autors.

pop would become a guaranteed audience-boost for TV and radio, as it would prove to be a guaranteed circulation-boost for newspapers."[111]

tie für immer höhere Einschaltquoten werden, genauso wie er für höhere Auflagen bei den Zeitungen sorgen würde.

(43)

(44)

Schon in den Anfangszitaten des ersten Kapitels fielen Schlüsselbegriffe wie *"self-deprecating, bossy flamboyance"* und *„they played the given role of greatness with the appropriate amount of grace, cheek and abandonment":* frech / vorlaut aber mit Respekt, Selbstironie, überlegene Extravaganz, ein angemessenes Maß an Anmut und Anstand, an Unverschämtheit und Sich-Lustig-Machen. Diese Ausdrücke beschreiben sehr gut das Auftreten der Beatles in einer Zeit, wo Swinging London zum Zentrum der Welt wurde.

Ein weiteres Beispiel dafür ist die Verleihung der Silver Hearts durch den damaligen Oppositionsführer Harold Wilson, der wenig später Regierungschef wurde. „A new Britain" sollte entstehen durch den Premierminister Wilson, dessen (sozialdemokratische) Labour Party zum ersten Mal die Macht im Staate von den Konservativen übernahm. Die Allianz mit den Beatles war eine ganz natürliche, weil Herkunft, Ideale und Utopien weitgehend übereinstimmten. Der Zeit-

[111] Norman, a.a.O., Hervorhebung von mir.

punkt stimmte auch, denn *„the feelgood factor was running high"*, wie es im Kommentar zu einem Film heißt[112], der leider nicht mehr als Clip verfügbar ist. Und: *„The Beatles embodied that feeling of optimism about the future"*[113]

(45)

Wie bei der Zeremonie zur Überreichung der „Silver Hearts" gaben sich die Beatles auch bei der Royal Variety Performance nicht mit der Statistenrolle als passive Objekte zufrieden. Auch hier lief nicht alles so wie geplant. Den *deferential charm* (respektvolle Charm) erkennt man durchaus noch auf dem Bild von der Eröffnung, wo die Vier Princess Margret gebührend und artig begrüßen.

(46)

Im Gegensatz dazu steht die Szene, wo sich John Lennon recht despektierlich den Satz herausnimmt: *„Beim nächsten Song brauchen wir Ihre Hilfe: die Leute auf den billigen Plätzen klatschen einfach mit – und die anderen klimpern mit ihren Juwelen."*

---

[112] The 60s,The Beatles Decade-Episode 3: Swinging Britain https://www.youtube.com/watch?v=7Ke3RtWdKvM

[113] Die "Silver Hearts" sind so etwas wie in Deutschland der Bambi für wohltätige Zwecke zugunsten kranker oder benachteiligter Kinder. Die „Purple Hearts" sind ein militärischer Orden in den USA für verwundete Soldaten. „Sorry for that, HAROLD."

(47) ab 7:25

Erst als die Queen Mum wohlwollend lächelt, kommt der Applaus, und die Situation war gerettet. Ryan Reed nennt dies eine der berüchtigsten und köstlichsten Sticheleien der Bühnengeschichte:

"Cemented with his toothy smile and sheepish thumbs-up, it's a time-capsule moment in pop-culture history, delivered by pop music's most mischievous genius."[114]	Eingebettet in sein breites Grinsen und seine verlegene, einfältig erscheinende Geste des „Daumen hoch", ist dies ein kulturhistorisches Zeitdokument der Popgeschichte, abgeliefert von seinem hinterhältigsten Genie.

Einige Szenen aus "A Hard Day´s Night" gehen noch einen Schritt weiter, wenn Lennon zum Beispiel die Queen imitiert und das Maßband eines Herrenausstatters mit den Worten zerschneidet: „*We now declare this bridge open.*" Überhaupt zeigt dieser Film sehr gut, wie sich die Beatles über Grenzen und Konventionen ihrer Zeit hinwegsetzen – aber nicht militant und mit geballter Faust, sondern mit Ironie und dem von allen Gesellschaftsschichten respektierten und geachteten „British sense of humour". Das Ausbrechen aus Zwängen ist nicht politisch motiviert, es bedeutet vor allem persönliche Freiheit, Selbstverwirklichung und FUN (*is the one thing that money can´t buy*). Sogar das „Totschlagargument" der älteren Generation „*we fought the war for you*!"

[114] Ryan Reed. In: "50 Years Ago: The Beatles Play 'Rattle Your Jewelry' Concert". 4.11.2013. http://ultimateclassicrock.com/the-beatles-play-rattle-your-jewelry-concert/?trackback=tsmclip

wird nicht mehr akzeptiert. So etwas zusammen mit der Veräppelung der Queen ist schon starker Tobak, aber es geschieht eben mit „*deferential charm*“.

(48) Ab 5:55 – besonders 7:30 – 7:40

God help and breed you all – die Freude am „Un"sinn

Sprache hat viele Funktionen, und es gibt unendlich viele Arten, Sprache zu verwenden. Eine davon ist die reine Freude am Sinn für den Unsinn, den die Sprache selbst erzeugen kann. Eine ganze Sammlung von Nonsense-Texten wie auf den Weihnachtsplatten hat Lennon unter dem Titel "In his own Write"[115] herausgegeben[116]. Wie in seinem Lieblingsbuch „Alice in Wonderland" lässt er sich hier auf ein frappierendes Spiel mit Sprache ein, bei dem die geplante Verfremdung gezielt eingesetzt wird, um Überraschungseffekte und „Fun" zu erzielen.

"... but as far as I´m conceived this correction of short writty is the most wonderful larf I´ve ever ready. God help and breed you all."

Das ist der Text auf der letzten Umschlagseite des Buches, der übersetzt etwa lauten würde: *„soweit ich gezeugt worden bin, ist diese Berichtigung von kurz witzig der wundervollste Lachen, den ich jemals fertig habe. Gott helfe und brüte euch alle!"*

[115] Dt. Übersetzung: In seiner eigenen Schreibe. (Gütersloh, 1965). Dort kommt aber das Wortspiel write – right nicht rüber. Dann wäre die zweite Bedeutung des Titels „In his own right = mit eigenem Recht", das heißt, er nimmt sich das Recht heraus, so etwas zu schreiben.

[116] John Lennon: In His Own Write. London / New York. 1964.

Warum soll ich so etwas lesen? Weil ich mich auf ein Spiel einlasse, in dem ich es selbst bin, der Sinn stiftet und so als Erfolgserlebnis eine Aussage bekommt, die auch in der „normalen" Alltagssprache Sinn macht. Das Gehirn ist darauf programmiert, Sinn zu finden, verstehen zu wollen, auch wenn Lücken oder widersprüchliche Daten vorzuliegen scheinen. Wahrscheinlich kennen Sie das aus der Zeitung:

P.R.S
H.LS.NK.
L.ND.N

Auch hier schließt unser Wissen um Sprache und die Welt „Unsinnslücken", und der Leser wird mit einem Erfolgserlebnis belohnt (was sich hier positiv auf die Akzeptanz dieser Werbung auswirkt). Der Lennontext heißt „normal":

...but as far as I´m concerned this collection of short writings is the most wonderful laugh I´ve ever read / had.
God help and bless (?) / speed (?) / greet (?) you all.

Bei den Lennon Texten kommt also hinzu, dass ich bei den „Unsinnsstellen" zum Teil mehrere Möglichkeiten habe, "normale" Texte zu erzeugen. Dann kommen solche Überraschungseffekte zustande wie der, dass Gott uns mit Speed versorgen möge. Außerdem kann ich mich an den Aussagen der Nonsense-Texte erfreuen. Gott als Glucke (→ breed) über seinen Kindern finde ich persönlich als surrealistisches Bild lustig – und will es gar nicht mehr in die „normale Welt" transponieren[117].

[117] Wen wird er als Nächsten ausbrüten? Einen neuen Hitler? Einen neuen Shakespeare?

Ein Beispiel dafür, wie diese auf lautlichen Ähnlichkeiten und bewussten Falschschreibungen basierenden Wortspiele funktionieren, ist "Beim Dennis" oder "Beim Zahnarzt":

At the Dennis

Madam: I have a hallowed tooth that suffer me grately.

Sir: Sly down in that legchair Madam and open your gorble wide – your mouse is all but toothless.

Madam: Alad! I have but eight tooth remaining (eight tooth left).

Sir: Then you have lost eighty three.

Madam: Impossyble!

Sir: Everydobby knows there are foor decisives two canyons and ten grundies, which make thirsty two in all.

Madam: But I have done everything to save my tooth.

Sir: Perhumps! But to no avague.

Madam: Ah! Why did I not insult you sooner?

Sir: To late, it must be now or Neville.

Madam: You will put it out for me then?

Sir: No, Madam, I will excrete it.

Madam: But that is very painfull.

Sir: Let me see it – Crack! There it be madarce.

Madam: But Sir I wished to keep (was anxious to keep) that tooth.

Sir: It was all black and moody; and the others are too.

Madam: Mercy – I will have none to eat with soon.

Sir: A free Nasty Heath set is good, and you will look thirty years jungle.

Madam: (Aside) Thirty years jungle; (Aloud) Sir I am no catholic, pull out all my stumps.

Sir: O.K. Gummy.

(49) Beispiel 3 auf dieser Seite

Hier drei Beispiele für eine detaillierte Analyse:

„Open your gorble wide“. Gorble existiert im Englischen nicht, naheliegende Ersetzungsmöglichkeiten – „near homonoyms“ – sind *garble* = Verstümmelung oder *gobble* = verschlingen. Beides passt, weil dieser Dennis die Frau bald verstümmeln wird, wenn er ihr alle 8 noch verbleibenden Zähne ausreißt, und weil das Bild eines weit aufgerissenen Mauls, das den Zahnarzt zu verschlingen scheint, Sinn macht. Mit der Verfremdung der Wörter entsteht so ein makabrer Witz, der auch für die folgenden Beispiele typisch ist.

„A free Nasty Heath set is good“. Ein kostenloses Krankenkassenmodell (National Health) ist meistens nicht das hübscheste und beste (deshalb nasty = böse/hässlich: Das Gestell ist zwar potthässlich, aber du kannst dir Anderes als Nicht-Privatversicherter nicht leisten). Aber auch Heath (= Edward Heath) ist nasty, weil er ja der konservative Kontrahent – und tatsächlich auch Nachfolger als Premierminister – von Wilson (*Sorry for that, Harold*) ist. Das reicht schon, um böse zu sein, und Heaths Wähler sind vielleicht nicht die, die auf ein Kassenmodell angewiesen sind. *„Why didn´t I insult* (consult=konsultieren) *you sooner?“* Warum habe ich Sie nicht schon früher beleidigt?

„Sir, I´m no catholic, pull out all my stumps”. Wahrscheinlich eine Anspielung auf das Abtreibungsverbot der katholischen Kirche: Ich will was loswerden, darf es aber nicht – wie die faulen Zähne, die mir jemand herausnehmen will.

Solche Nonsense-Bildungen setzen ein reflektiertes Verhältnis zur eigenen Sprache voraus. Doch hier steht Lennon fest verwurzelt in einer langen Tradition. Denn Sprachspiele dieser Art sind innerhalb des englischen Sprachbereichs sehr viel weiter verbreitet als etwa im Deutschen. Das Spiel mit den Wörtern reicht von Shakespeares Puns bis zu den Kalauern, die auf Schritt und Tritt in Zeitungsüberschriften, im Fernsehen oder in der Werbung vorkommen.

Da sich zu den Texten Lennons seine Karikaturen gesellen, erinnert das Buch auch an ähnliche Werke von Spike Milligan wie „Book of Bits or a Bit of a Book“, das nur wenig später, nämlich 1965, erschien – wobei wir wieder bei den Goons wären[118].

[119]

[118] Was sagte Lennon über sein „Frühwerk“ 'The Daily Howl': "I*t seems strangely similar to The Goon Show*". Siehe Anmerkung 21.
[119] Eigene Fotos von und aus meinem Buch

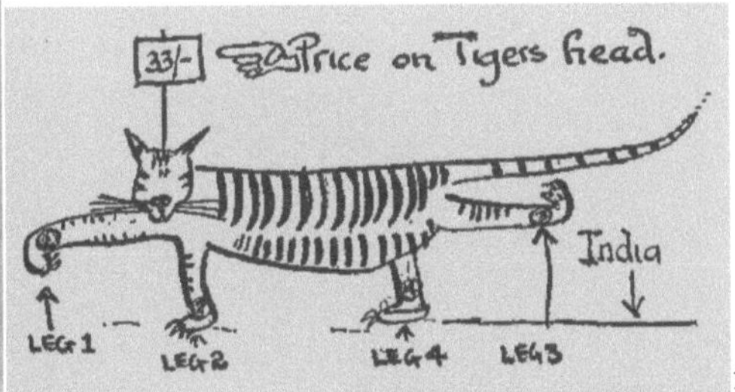

[120]

Tyger, Tyger, burning bright – Look out! You´ll set the jungle alight![121]

Im folgenden Clip stellt der Autor einen Auszug seines Werkes während einer Lesung in Schweden vor. Bei dieser Präsentation werden die Techniken der Verballhornung schon einmal vor der eigentlichen Lesung angewendet: *„There´s George Parasol* (gleichlautende a, r, s, o), *Ringo Stone and Paul McCharmly* (Reim und wie bei allen gleiche Silbenzahl – hier aber auch der Hinweis auf Pauls Charaktereigenschaft und Rolle in der Gruppe).

(50)

Einer etwas kultivierteren Lesung darf man beiwohnen, wenn George Martins Gattin Judy das Gedicht „Deaf Ted, Danoota and Me“ mit ihrem „Upper Class English“ in der Sendung „Produced by George Martin“ vorträgt.[122] Auch diese Sendung ist auf der Homepage der BBC leider nicht mehr verfügbar. Aber nicht nur wegen dieser Szene lohnt es sich,

---

[120] Fotos von und aus meinem Buch.
[121] William Blakes “Tyger” wird wieder auftauchen im Kapitel „Serve yourself“, S. 114.
[122] BBC Arena: „Produced by George Martin”. 25.04.2011.

diesen Film auf DVD oder BlueRay zu betrachten. Hier der Text:

(51)

Eine noch größere Ehre widerfuhr dem Text, als Auszüge aus „Deaf Ted“ am 19. Juni 1964 im Unterhaus zitiert wurden. Der konservative Abgeordnete für Blackpool, ein gewisser Mr. Miscampbell, zitierte einige Zeilen aus diesem Werk als Beweis für den Niedergang der akademischen Bildung unter der Labour-Regierung. Es ist natürlich unter seiner Würde, die Beatles jemals gehört oder gesehen zu haben. Auch ist Lennons Buch zuerst in den (unzivilisierten) Vereinigten Staaten erschienen und auf diesem Weg in seine Hände geraten. Aber er hat gehört, und es ist kaum zu glauben, dass dieses Werk auch „in this country“ zu bekommen ist. Was hätte nicht alles aus einem (man höre und staune!) doch recht talentierten jungen Mann wie John Lennon werden können, hätte er eine vernünftige Bildung genossen.

Aber vielleicht wollte Monet ja gar nicht „richtig“ malen und malte absichtlich verschwommene Heuhaufen in Lila und Blau? Und vielleicht wollte Lennon auch gar keine „richtigen“ Gedichte schreiben und stattdessen „verhunzte“ Texte wie das Walross?

Hier die Auszüge aus Mr. Miscampbells Rede:

"I do not want to see—none of us does—a large mass of people in this country with great difficulties in communication .... Let me try to convey to the House one of the consequences of not providing this kind of educa-	Ich möchte nicht – keiner von uns möchte das – eine Flut von Leuten in diesem Land sehen, die große Schwierigkeiten beim Kommunizieren haben ... Lassen Sie mich dem Hohen Hause ein Beispiel vorführen, welche Konsequen-

*tion (*eine wirklich akademische, Anm. des Autors*) for the kind of children about whom we are talking.*

I want to quote an expert whose name is famous not only here, but throughout the world. He is perhaps almost the most celebrated living Englishman. His name is John Lennon and he is one of the Beatles. I have never seen or heard the Beatles, but I have been very interested indeed to read a book by John Lennon, published in America and, I believe, in this country. It is called "In His Own Write". The book contains a number of poems and fairy stories written by Lennon. These tell a great deal about the education he received in Liverpool. ... I would like to quote one of the poems. .... It is called "Deaf Ted, Danoota and Me".I will quote three verses from it:

Never shall we partly stray, Fast stirrup all we three Fight the battle mighty sword Deaf Ted, Danoota, and me. Thorg Billy grows and Burnley ten, And Aston Villa three We clobber ever gallup Deaf Ted, Danoota, and me. So if you hear a

zen es hat, den Kindern, von denen wir sprechen, eine gebührende akademische Bildung vorzuenthalten.

Ich möchte einen Experten zitieren, dessen Name nicht nur hier berühmt ist, sondern überall auf der Welt. Er ist vielleicht der gefeiertste lebende Engländer. Sein Name ist John Lennon, und er ist einer der Beatles. Ich habe die Beatles niemals gesehen noch gehört, aber mit großem Interesse habe ich ein Buch von John Lennon gelesen, das in Amerika veröffentlicht wurde und, wie ich glaube, auch in diesem Land. Es heißt „In His Own Write“. Das Buch enthält eine Reihe von Gedichten und Märchengeschichten, geschrieben von John Lennon. Diese verraten eine Menge über die Erziehung, die er in Liverpool genossen hat. ...

Ich möchte gerne eines seiner Gedichte zitieren ... es heißt: „Der taube Paul, das Nöitrumm und Ich“.

.....

wondrous sight, Am blutter or at sea, Remember whom the mighty say Deaf Ted, Danoota, and me.

'I quote that poem not because of its literary merit, but because one can see from it, as from other poems and stories in the book, two things about John Lennon: he has a feeling for words and story telling and he is in a state of pathetic near-literacy. ... The book suggests to me a boy who, on the evidence of these writings, should have been given an education which would have enabled him to develop the literary talent that he appears to have."[123]

Ich zitiere dieses Gedicht nicht wegen seines literarischen Wertes, sondern weil man daran, wie an den anderen Gedichten und Erzählungen in diesem Buch, zwei Dinge über John Lennon erkennen kann: Er hat ein Gefühl für Sprache und Erzählkunst, und er befindet sich in einem Zustand bedauernswerter Halbbildung. ... Das Buch zeigt mir einen Jungen, dem man – gemessen an dem, was er da schreibt – eine Bildung hätte zukommen lassen sollen, die es ihm ermöglicht, das literarische Talent, das er zu haben scheint, entfalten zu können.

Falls auch uns die Sprache der „bedauerlichen Halbbildung" stört bei diesem Werk, sollten wir uns wenigstens auf den Inhalt besinnen und nicht aufhören, die „baddies" zu bekriegen, indem wir uns – wie das unzertrennliche Team „*der taube Paul, das Nöitrumm und ich – und manchmal kommt Konrad*" einsetzen für die Freiheit und Gleichheit von Religionen und Rassen. Und natürlich für „Bernie", der stellvertretend für all das steht, was uns wichtig ist. Selbst wenn die Widerstände erheblich sind und Aston Villa 3 : 1 führt (Aston Villa three - Liverpool FC one?). Dieser Meinung ist auch „harpeth" auf der Seite „harpethview":

[123] Hansard. Protokolle der Parlamentsdebatten 1803-2005. HC Deb 19 June 1964 vol 696 cc1738-92. Auf: https://api.parliament.uk/historic-hansard/commons/1964/jun/19/automation

"I got a glimpse of 'Bernie' in the 1960's and somehow knew it was important. ... Who would have imagined that 50 years ago, this poem I would memorize and recite as sort of a ritual, laughing outside at the absurdity of the words and on the inside about how ridiculous it really would BE to fight the baddies ...? The baddy baddies were, after all, societal norms, the lack of justice. I sort of did it anyway. Fight against them. Quietly. You know, with that unspoken rebellious nature....

What does that have to do with life today? Well, you might wonder[124]*, but I suppose I don't. I KNOW Bernie..... and yes, he is a cause worth the fight."*[125]

Einen kleinen Einblick von 'Bernie' habe ich in den 1960ern erhascht und wusste irgendwie: das ist wichtig. ... Wer hätte vor 50 Jahren gedacht, dass ich dieses Gedicht auswendig lernen und es wie ein Ritual hersagen würde, äußerlich über die Absurdität der Wörter lachend, und mich im Inneren fragend, ob es wirklich lächerlich wäre, wenn ich gegen die Bösen kämpfen würde ...? Die bösen Bösen waren ja die gesellschaftlichen Normen, das Fehlen von Gerechtigkeit. Irgendwie habe ich es ja doch getan. Im Stillen. Mit dieser stillschweigenden rebellischen Natur ...

Was hat das mit dem Leben heutzutage zu tun? Sie werden sich vielleicht wundern, aber ich nicht. Ich weiß, wer Bernie ist – und ja, er ist es wert, dass man für ihn kämpft.

---

[124] Eine oft vorkommende Floskel bei John Lennon.

[125] „Deaf Ted recalled ...". Auf: harpethview, 15.1.2013. https://harpethview.wordpress.com/tag/reflections-on-lennons-poem-deaf-ted/

One step beyond silly love songs[126]

Was die Texte der Beatles-Lieder zu dieser Anfangszeit betrifft, ist von solchen Sprachexperimenten noch nicht viel zu merken: Die Strawberry Fields oder das Walross sind noch Zukunft. Zunächst versuchen die Beatles eher zaghaft, das gängige Muster zu durchbrechen. Bis dahin war die Variationsbreite der „Silly Love Songs“ doch sehr begrenzt, und die Texte bildeten oft einen eher bedeutungslosen und beliebig auswechselbaren Unterlegboden für die musikalische Gestaltung des Liedes. Für einen geschärften Blick auf die Texte war neben dem Goonschen Spaß am Umgang mit Sprache die entscheidende Erfahrung das Kennenlernen der Songs von Bob Dylan. Dieser hatte gezeigt, dass Lieder nicht nur nach dem simplen Schema „boy meets girl“ aufgebaut sein müssen. Vorsichtig versuchten die Beatles eigene Schritte in diese Richtung.

Ein Versuch weg vom klassischen Thema ist die Vorstellung, dass nicht der männliche Part der Held der Geschichte ist, sondern dass der weibliche Charakter der Stärkere ist und den Gang der Geschichte bestimmt. Hier zwei Beispiele:

Die erste Zeile von „Drive my car“ ist noch ganz klassische männliche Anmache: „Asked a girl what she wanted to be“.

---

[126] In Anlehnung an McCartneys Song „Silly Love Songs”. Auf dem Album “Wings at the Speed of Sound” von 1976.

(52)

Dann werden aber die Positionen klar gemacht: „*She said, Baby – can´t you see*?“ Der Mann wird diesmal als „Baby“ bezeichnet, als kleiner Junge, der zu blöd ist zu sehen, was doch völlig klar ist: „*I´m gonna be famous, a star of the screen!*“ Und während für die Frau das So-Sein, das Da-Sein völlig ausreicht (Verb „be“), kann / muss der Mann in der Zwischenzeit ein bisschen arbeiten, damit auch er eine Daseinsberechtigung hat (Verb „do“): „*But you can do something in between.*“ Er darf gnädigerweise Chauffeur spielen. „*Baby, you can drive my car*”, und dann folgt NICHT – als Belohnung sozusagen – das “*And **Baby**, I love you*”, sondern ein eher erniedrigendes „*And **Maybe** I love you*“.

Dass die Sache mit dem Traum nicht gut gehen kann, ahnt man schon. Aber auch wenn dann feststeht, dass das mit dem Starruhm nicht ganz hinhaut, ändern sich doch bis zum Schluss die Positionen nicht. Die Frau bekennt zwar mit einer Portion Selbstironie „*I´ve got no car and it´s breaking my heart*“, aber sie hat wenigstens ihren Pantoffelhelden gefunden, und das ist doch auch schon was: „*but I found a driver, and that´s a start*!“

Ähnlich schief geht das Abenteuer in „Norwegian Wood“, dessen ursprünglicher Titel „This bird has flown“ die Geschichte ganz gut wiedergibt.

(53)

Schon am Anfang wird deutlich, dass hier nicht unbedingt der Mann es ist, der die Hosen anhat, obwohl der Song eher machohaft beginnt „*I had a girl*“. Es folgt die Einsicht „*Or should I say* ***she*** *once had* ***me***?“ Sie gibt den Ton an, ist Subjekt der folgenden Sätze *“she showed me ... she asked me ... she told me*”, während der Mann, wenn er Subjekt ist, eher ratlos erscheint “*I looked around ... I sat on a rug ... biding my time.*”

Wenn es endlich zur Sache zu gehen scheint und der weibliche Part sagt “*It´s time for bed*“, hat der Satz nicht die erhoffte Bedeutung, sondern klingt eher wie eine Floskel, die man einem Kleinkind sagt, wenn es Zeit ist, schlafen zu gehen. Am Schluss, wenn der männliche Part wieder zu sich gekommen ist nach der Nacht in der Badewanne, merkt der Pantoffelheld noch nicht einmal, dass der Vogel schon lange ausgeflogen ist.[127] Der Schluss ist unklar. Interpretationen reichen von „der sich nach Wärme sehnende Mann wärmt sich am Kamin“ bis zu „er zündet frustriert das Haus an“.

Das Lied entstand durch den Wunsch, sich an Texten zu versuchen, die denen von Bob Dylan ähneln. Zur Zeit von „Rubber Soul“ wurde Bob Dylan von allen Beatles gehört und bewundert. John Lennon trug sogar phasenweise eine Bob-Dylan-Mütze.

(54) Lennon

(55) Dylan

Die Beatles und Dylan hatten sich zum ersten Mal 1964 getroffen. Bei dieser Gelegenheit machte Dylan die Beatles übrigens auch mit Marihuana bekannt. Lennon begann daraufhin, mehr introspektive und reflektierende Songs zu

[127] Daher der ursprüngliche Titel „This bird has flown“.

schreiben. Alle Songs auf dem nächsten Album „Rubber Soul" zeigten einen qualitativen Schritt vorwärts im Vergleich zu den Liedern vorher. Dylans Folk-Einflüsse waren deutlich hörbar, und Texte, die sonst nur Hintergrundvehikel für den Sound waren, wurden wichtiger.

Das erfolreiche und von Kritikern hochgelobte Album „Rubber Soul" machte Dylan sogar ein wenig neidisch. "*What is this? It's me, Bob. [John's] doing me!*" soll Dylan zu "Norwegian Wood" gesagt haben[128], und „Fourth Time Around" soll eine direkte Parodie auf Lennons Song sein, um ihm zu zeigen, wie es wirklich geht. *„The song has been described as "Bob Dylan impersonating John Lennon impersonating Bob Dylan".*[129] (Das Lied wurde beschrieben als "Bob Dylan, der John Lennon imitiert, der Bob Dylan imitiert hat".)

„Dylan even left Lennon a not-so-subtle message at the end of the track as he knew that his number one fan would undoubtedly study it. The last two lines see him sing, "I never asked for your crutch[130]*, Now don't ask for mine" — which make his thoughts on Lennon hero-worshipping him evidently clear."*[131]

Dylan hinterließ Lennon eine kaum versteckte Botschaft am Schluss des Liedes, weil er genau wusste, dass sein Fan Nummer 1 es gründlich studieren würde. In den letzten beiden Zeilen singt er: „Ich habe dich nie um deine Krücken gebeten, also bitte jetzt auch nicht um meine". Das macht ganz deutlich, was er von Lennons Verehrung ihm gegenüber hält.

---

[128] Joe Taysom: "The song Bob Dylan wrote to make fun of John Lennon". In: Far Out, 2021. Auf: https://faroutmagazine.co.uk/bob-dylan-song-making-fun-of-the-beatles-john-lennon/

[129] Richard F. Thomas: "Why Bob Dylan Matters". In: Bob Dylan's Best Songs: Fourth Time Around. Auf: https://alldylan.com/bob-dylans-best-songs-fourth-time-around/

[130] Dylan beschwert sich nach dieser Lesart, dass Lennon seine Texte und Vorgehensweisen stiehlt und als „Krücke" benutzt, um Laufen/Schreiben zu lernen.

[131] Taysom, a.a.O.

"Evidently clear" scheint hier – wie in vielen Dylan-Texten – jedoch nichts zu sein. Auf der /bob-dylan.org.uk/ Seite gibt es viele verschiedene Interpretationen dieser „Krücken"-Zeilen wie auch des gesamten Lieds. Das reicht bis zur Vermutung:

„It's about Franklin Delano Roosevelt's uncompleted 4th term as President (i.e. "4th Time Around"). Hence the "pictures of you in your wheelchair" — Roosevelt used a wheelchair for most of his adult life ..."[132]

Das Lied handelt von Franklin D. Roosevelts nicht vollendeter vierten Amtszeit als Präsident (vgl. „4th Time Around"). Deshalb die „Bilder von dir in deinem Rollstuhl" – Roosevelt benutzte einen Rollstuhl in der meisten Zeit seines Erwachsenenlebens.

Etwas einleuchtender ist die Reaktion von Win Butler, der auf derselben Seite die Interpretationen so zusammenfasst:

"I've probably listened to it 50, 60 times trying to figure out exactly what's going on. The melody is really similar to Norwegian Wood .... Dylan can talk about real emotions and then go way off and say something completely aesthetic. The end result is this really rich, interesting piece that you can dig into forever. ... That line is really hard: 'I never asked for your crutch/ Now

Ich habe mir das wahrscheinlich 50, 60 Mal angehört, um herauszufinden, worum es genau geht. Die Melodie ist tatsächlich ähnlich wie die von Norwegian Wood ... Dylan kann wirklich über reale Emotionen sprechen und dann abschweifen in etwas, das komplett ästhetisch [*soll heißen „surreal"*] ist. Das Resultat ist ein wirklich gehaltreiches und interessantes Stück, in das du dich immer tiefer vergraben kannst ... Diese Zeile ist wirklich schwierig „...". Aber vielleich handelt sie ja

[132] Dave Palmer´s comment on Tony Attwood: "Fourth Time Around" The meaning of the music and the lyrics. January 20, 2019. Auf: https://bob-dylan.org.uk/archives/690

don't ask for mine.' Or maybe it really is about The Beatles after all!"[133]

in der Tat von den Beatles.

Hier die beiden Texte zum Vergleich:

(56) Lennon / McCartney: *Norwegian Wood*

(57) Bob Dylan: *Fourth Time Around*

Nach einem Vergleich kommen Dylan-Fans natürlich zu diesen Schlüssen:

„... it is also a song in which Dylan triumphs in the battle that he wages with Lennon. When you listen to "Fourth Time Around" and then go back to "Norwegian Wood," the Beatles song sounds coy, almost innocent in comparison to the sophistication of Dylan's voice and lyrics ... It is hard to imagine Dylan actually singing this to Lennon, which he apparently

Das ist ein Triumph für Dylan in seinem Gefecht mit Lennon. Wenn du dir „Fourth Time Around" angehört hast und dann zurück zu „Norwegian Wood" gehst, klingt der Beatles-Song verschämt, fast unschuldig im Vergleich zu Dylans kultivierter Stimme und seinem raffinierten Text ... Man kann sich schwer vorstellen, dass Dylan dies wirklich für Lennon singt, was er offensichtlich getan hat, und

[133] Win Buller´comment on Attwood: "Fourth Time Around",June 8, 2013, a.a.O.

did, and it is very easy to believe reports of Lennon being unhappy at what must have seemed like mockery and parody. Dylan outdoes, accentuates, overloads the rhymes, and on one level does parody the simple rhyme of the Beatles song."[134]	es fällt leicht zu glauben, dass Lennon unglücklich war über das, was wie eine Parodie und Verspottung erscheinen musste. Dylan übertrifft, akzentuiert und überlädt die Reime und verspottet auf einer Stufe die einfachen Reime des Beatles Songs.

Was Dylan ausmacht, ist seine metaphernreiche Sprache, die Raum für Interpretationen und persönliches Sich-Hineinversetzen öffnet. Deshalb sind seine Texte oft lange Erzählungen. „*Simple actions described through beautiful words and imagery.*“[135] Oder: „*With Dylan it is always a guessing game in symbolic language*”, wie “Babette“ es auf derselben Seite sagt. Die Beatles halten sich im Rahmen der von der Plattenindustrie für dieses Genre gesetzten 3-Minuten-Norm und an ihre eigene Sprache, die sich zum Teil vom großbürgerlich gebildeten Hintergrund eines Dylan unterscheidet. Dass dies kein Nachteil sein muss, offenbart sich bei der Analyse von „Eleanor Rigby“.[136]

Es handelt sich hier aber nicht um einen Vergleich von Gedichten, sondern um eine Gegenüberstellung zweier Songs. Bob Dylan erhielt ja auch den Nobelpreis für LITERATUR, denn hier lag sein Schwerpunkt und seine Innovation. Eine „*Tondichtung im Stil von Debussy*“, wie MacDonald „Strawberry Fields“ beschreibt, hat Dylan nicht geschaffen. Auch wenn Stücke wie „Eleanor Rigby“ oder „A Day In The Life“ mit dem einfachen Wortschatz der Beatles auskommen und weitgehend ohne metaphorische Sprache, sind dies doch Werke, die in die Musikgeschichte eingegangen sind und nicht nur von Persönlichkeiten wie Leonard Bernstein hoch gelobt

---

[134] Richard F. Thomas, a.a.O.

[135] Nick´s comment on Attwood: „Fourth Time Around”, September 23, 2017, a.a.O.

[136] Zu finden im Kapitel „Slow Down“.

wurden. (Würdigung und Video-Link finden sich im Kapitel „Slow Down“ bei der Analyse von „Eleanor Rigby“.)

Die Beatles entwickelten sich nicht nur nach Dylans Vorbild bei den Texten, vor allem erweiterten sie die Sprache der Musik. Dieser Prozess ging schließlich so weit, dass er das Ende der Beatles als Band im klassischen Sinn bedeutete. Die musikalischen Strukturen wurden so komplex, dass die Beatles als Liveband nicht mehr auftreten konnten.[137]

Bei „Norwegian Wood“ beginnt diese Entwicklung mit dem Einsatz eines neuen Instruments, das bis dahin nicht verbreitet war in der Popmusik. Das von George Harrison angestoßene Interesse der Beatles für fernöstliche Kultur und Musik wird sichtbar durch den Einsatz einer Sitar. Ob es das erste Mal ist, dass dieses Instrument auf einer Pop-Platte erscheint, ist strittig, aber sicherlich wurde die Sitar durch „Norwegian Wood“ erst wirklich populär.

„Another obviously fascinating element of the song is the now common, but at the time entirely new, use of an Indian instrument called a sitar. After its appearance in this song, everyone from The Rolling Stones to The Box Tops to B.J. Thomas released songs featuring a similar sounding instrument.”[138]

Ein anderes natürlich faszinierendes Element dieses Liedes ist der jetzt allgegenwärtige, aber zu jener Zeit vollkommen neue Einsatz eines indischen Instruments mit dem Namen Sitar. Nach dem Erklingen in diesem Lied veröffentlichte jeder, von den Rolling Stones zu The Box Tops oder B.J. Thomas, Songs, auf denen ein ähnlich klingendes Instrument auftauchte.

George Harrison erinnert sich daran, wie es zum Einsatz der Sitar kam:

---

[137] Siehe dazu die Kapitel “Abracadabra” und “You know I know when it´s a dream”.

[138] Dave Rybaczewski: “Norwegian Wood History”. In: Beatles Music History. Auf: http://www.beatlesebooks.com/norwegian-wood

"... we were at the point where we'd recorded the 'Norwegian Wood' backing track (twelve-string and six-string acoustic, bass and drums) and it needed something. We would usually start looking through the cupboard to see if we could come up with something, a new sound, and I picked the sitar up – it was just lying around; I hadn't really figured out what to do with it. It was quite spontaneous: I found the notes that played the lick. It fitted and it worked."[139]

Wir hatten gerade den Backing Track zu ‚Norwegian Wood' aufgenommen (...), und da fehlte noch was. Normalerweise kramten wir dann in unseren Schubladen herum, um zu sehen, ob uns etwas einfiel für einen neuen Sound, und ich griff zur Sitar – sie lag einfach da rum, und ich hatte noch keine richtige Ahnung, was ich damit anfangen sollte. Es war ganz spontan: Ich fand die Noten und sie füllten die Lücke. Es passte und es funktionierte.

[139] Rybaczewski, a.a.O.

Serve yourself

(58) Bild: "When legends speak of legends"

John Lennon erwähnte auch weiterhin sein Idol in mehreren Songs wie "*I feel so suicidal, just like Dylan's Mr Jones*" (Yer Blues) oder "*Ev'rybody's talking about John and Yoko, Timmy Leary, Tommy Smothers, Bobby Dylan, ...* " (Give Peace A Chance). Seine Dylan-Bewunderung erfuhr aber einen Dämpfer zu der Zeit, als dieser sich öffentlich dem Christentum zuwendete. Songtitel wie „I Believe in You" und „When He Returns" auf dem 1979 erschienenen Album „Slow Train Coming" zeugen von Dylans Umkehr.

Nachdem er nicht mehr einer der „Fab Four" war, brach auch für John Lennon eine neue Phase seines Lebens an. Er findet aber nicht zu Gott, im Gegenteil. Im Song „God"[140] listet er eine Reihe von Personen, Göttern, Götzen und Weltanschauungen auf, die man/Lennon zum Teil verehrt/verehrt hat. Hier finden sich die Beatles und Bob Dylan (= Zimmer-

[140] Auf: John Lennon/Plastic Ono Band, 1970.

mann) auf Augenhöhe, „göttergleich“, aber eben nicht mehr für Jemanden, der vom Träumer zum Realisten geworden ist, der jetzt sein Leben selbst in die Hand nimmt: “*I don´t believe in Zimmermann, I don´t believe in Beatles – just believe in me, Yoko and me, and that´s reality.*”

“I must say I was surprised when old Bobby boy did go that way. I was very surprised. ... It’s the same man, but it isn’t the same man, and I don’t want to say anything about a man who is searching or has found it. It is unfortunate when people say, ‘This is the only way.’ That’s the only thing I’ve got against anybody, if they are saying, ‘This is the only answer.’ I don’t want to hear about that. There isn’t one answer to anything”.[141]

Ich muss sagen, ich war schon erstaunt, als der gute alte Bobby diesen Weg einschlug. Ich war sehr erstaunt. ... Es ist ja derselbe Mensch, aber auch nicht, und ich möchte nichts sagen über einen Mann, der auf der Suche ist und etwas gefunden hat. Aber es ist unglücklich, wenn Leute sagen: „Das ist der einzig wahre Weg“. Das ist es, was ich gegen diese Leute habe, wenn sie sagen: „Das ist DIE Antwort.“ Ich will davon nichts hören. Es gibt nicht die eine Antwort auf alles.

Deshalb entsteht jetzt eine Parodie “andersherum“. Lennon parodiert Dylans „You Gotta Serve somebody“ (= du must jemandem dienen). Der Titel selbst entlockt ihm die ironische Bemerkung: “*Gotta Serve Somebody... guess he [Dylan] wants to be a waiter now.*”[142] (“Scheint so, als wolle er jetzt Kellner (= Servierer) werden.“)

Hier der Originaltext von “You gotta serve somebody“:

---

[141] Zitat aus: Aaron Galbraith: “Bob Dylan and John Lennon”. June 27, 2019. Posted by Tony Attwood on: Untold Dylan. https://bob-dylan.org.uk/archives/10769

[142] Lennon zitiert in Galbraith, a.a.O.

(59)

Und Lennons "Serve Yourself": Der Song:

(60)

Der Text:

(61)

Es ist nicht verwunderlich, dass in einer zum Teil fundamentalistisch christlichen Gesellschaft wie der der USA solch ein Text nicht gut ankommt. Und das aus zweierlei Gründen. Ein Teil der Amerikaner nimmt die Aussage „*it may be the devil or the Lord*" (= „egal, ob es der Teufel oder Gott ist") wörtlich. Durch die Entscheidung gegen den „Lord" wird Lennon selbst zum „devil". Dazu mehr im Kapitel „Back in the US(SR)", wenn Beatles-Platten auf Scheiterhaufen verbrannt werden. Gleichzeitig ist Liverpooler Humor für viele Amerikaner unbekanntes Territorium.[143]

---

[143] Siehe Lennons Vorwort zu den Goon Scripts: „I keep thinking *how much easier it would be to review it for a British paper ... For Americans* who never heard it, *The Goon Show is difficult to describe*. ... Goonery was not so much a show, more a way of life, and if you have to ask what it was, we'll be here all day explaining the joke ... " John Lennon: "You had to be there." In: The New York Times, Sept. 30, 1973. Auf: http://www.thegoonshow.net/tributes/john_lennon.asp

Typisch Lennon ist seine Ablehnung jedweder Heilslehre und Heilsbringer nach dem Motto: „*We're gonna set you free*". Zu oft haben diese zu Unheil und Krieg geführt: „*Bomb you back into the fucking Stone Age*". Und all diese imaginären, politischen oder spirituellen Heilsbringer („*The pope and all that stuff*") werden auf den Boden der Tatsachen zurückgeholt durch die „unangemessene" Sprache („*Buddha, sitting on his ass in the sun*") und durch die Person, die wirklich entscheidend war für die Entstehung der eigenen Person und Persönlichkeit, die geholfen hat, dass man selbständig wird und sich nicht auf die Hilfe anderer verlässt: die Mutter: „*You gotta serve yourself, who else is gonna do that for you? – It ain't me, I tell you that.*" Die Mutter spricht aus Erfahrung und mit breitem Liverpooler Akzent. Man sieht sie förmlich in der Schürze, wie sie mit dem Kochlöffel oder dem Nudelholz in der Hand diese fürchterliche Schimpftirade ablässt. Mit Working-Class Klischees wie „Früher war alles besser", „Ihr Kids wisst gar nicht, wie gut ihr es habt" oder „Ihr seid alle verweichlicht". Wenn man mit beiden Beinen im wirklichen Leben steht, weiß man, wo man die wichtigen Dinge des Daseins findet: „*it's in the bloody fridge*" und worum es wirklich geht: „*Get in there and wash yer ears – or you won't get any pudding!*" Dass in diesem gottverdammten Eintopf („*this God Almighty stew*") die Frage nach der Religion abgehandelt wird, dass Gott in dem Durcheinander von „*Woolworths, Marx, the Queen, piss and shit and all that*" genannt wird, ist für manche Amerikaner zu starker Tobak.

"*Fuck this worthless atheist. He deserved what he got. He's a selfish bastard and only cares about his own opinions, then gets wrapped up in the fact he has tons of fans (who are idiots) and what happens after he writes all these con-*	Scheiß auf diesen nichtsnutzigen Atheisten. Er verdient, was er bekommen hat. Er ist ein egoistischer Bastard und schert sich nur um seine eigene Meinung, eingewickelt in den Umstand, dass er jede Menge Fans hat (die alle Idioten sind), und was passiert, nachdem er alle diese kont-

troversial songs, about how he's essentially immortal? Death. He gets the same treatment as everyone else, death. He's an average joe, with fucked up theories, and gets what everyone gets, life, birth, age, death."[144]

roversen Songs schreibt darüber, wie er eigentlich unsterblich ist? Tot. Er wird genau so behandelt, wie jeder andere auch, tot. Er ist nichts als ein ganz gewöhnlicher Kerl mit beschissenen Ideen und kriegt, was jeder kriegt: Leben, Geburt, Alter, Tod.

Auf derselben Seite findet sich die Antwort aus Good Old England, von Jemandem, der sich auf einem kulturellen Hintergrund bewegt, der die Werke von den Goons, Monty Python, Samuel Beckett, Oscar Wilde und anderen umfasst:

"dear nostril flutterers . . . relax, get a life, float downstream[145]*! you are obviously not british! it's just a bit of english fun! making fun of parents of that generation (and beyond) and the kind of thing that folks (midlands & working class in particular) would've said to their post-war kids. you don't need to find the holy grail in every bloody word rhyme and silly song, it's just a bit of fun, for*

Liebe Leute, die ihr vor Wut schnaubt ... Entspannt euch, fangt an zu leben, fließt mit dem Strom! Ihr seid offensichtlich keine Engländer! Das ist nur ein bisschen britischer Humor! Eine Veräppelung der Elterngeneration und der Sachen, die diese Leute (besonders die aus den Midlands und der Arbeiterklasse) zu ihren Kindern in der Nachkriegszeit gesagt hätten. Ihr müsst nicht den Heiligen Gral in jedem verflixten Reim und jedem einfachen Liedchen

---

[144] Comment by SageKalzion, September 13, 2008. Auf: Songmeanings. "Serve Yourself". https://songmeanings.com/songs/view/128556/?&specific_com=73015611085#comments

[145] Anspielung auf den Song "Tomorrow Never Knows" auf Revolver: *„Turn off your mind, relax and float downstream – this is not dying"*. Siehe auch das Kapitel "Abracadabra".

john's sake[146]*."*[147] suchen, das ist nur ein bisschen Spaß, um Lennons willen.

Zum versöhnlichen Abschluss bleibt zu sagen, dass Bob Dylan mit "Roll On John" einen der schönsten Tribute Songs auf John Lennon geschrieben hat. Das Lied einer Legende für eine andere.

(62) Der Song

(63) Der Text

Der Text besteht aus einer Vielzahl von Verweisen auf das Leben und die Musik John Lennons: Das beginnt mit der Anspielung auf seine Ermordung durch R. Chapman in den Zeilen „*He turned around and he slowly walked away, They shot him in the back and down he went.*"

„*Shine your light,* ***Movin' on***" in den Refrains spiegelt Lennons Aussage „*Save your sweet talk for when you score / Keep your Monday kisses for your glass lady / I want the truth and nothing more /* ***I'm moving on, moving on***" vom Album "Double Phantasy".

Die gesamte dritte Strophe ist eine Nacherzählung wichtiger Stationen in Lennons Leben: die Liverpool Docks, das Hamburger Rotlichtviertel, Lennons erste Band, die „Quar-

[146] Nochmal eine kleine Stichelei zum Schluss: „Lennon" ersetzt hier eigentlich „Gott" in der gängigen Redewendung „For God´s sake".
[147] Comment by mockdartinon, January 08, 2013. Auf: Songmeanings, a.a.O.

rymen“, sowie eine Erinnerung an einen der größten Beatles-Songs „A Day in the Life“.

Gleich drei Verweise finden sich in der nächsten Strophe: *„Rags on your back just like any other slave“* erinnert daran, dass Liverpool auch durch den Sklavenhandel reich geworden ist. Lennon war selbst in gewisser Weise ein Sklave, nämlich der Plattenindustrie. Er hat es im Nachhinein des Öfteren bedauert, dass es den Beatles mehr oder weniger verboten wurde, sich offen zum Vietnamkrieg zu äußern (*they clamped your mouth),* oder dass sie in ein bestimmtes Image gezwungen wurden, mit den feinen Cardin-Anzügen statt ihrer Rockerkluft. Diese trugen sie noch im Cavern (= Höhle) Club (*deep dark cave*).

Der Anfang der vierten Strophe ist ein direktes Zitat der Eingangszeile, mit der Lennon das oben erwähnte „A Day in the Life“ auf Sgt. Pepper beginnt. Das *„island*“ der nächsten Strophe kann sowohl Manhattan als auch England sein. *„Slow down you're moving way too fast”* stammt vom Larry Williams Song “Slow Down” auf der Beatles EP “Long Tall Sally”, während “*Come together right now over me*” aus dem gleichnamigen Song “Come Together” auf Abbey Road stammt.

Die “Buffalo-Strophe” ist schillernd in ihren Bedeutungsmöglichkeiten. Vielleicht findet sich hier ein Verweis auf “Dakota”, das Gebiet der Sioux *„where the buffalo roam*“ und damit das Gebäude, vor dem Lennon in New York hinterhältig *„in an ambush*“ erschossen wurde. Die letzte Strophe zitiert die erste Zeile aus William Blakes[148] “The Tyger“ in den „Songs Of Experience“. Vielleicht ist es wichtig, dass „The Tyger“ das Gegenstück zu „The Lamb“ in den „Songs Of Innocence“ ist und eine Wandlung der Persönlichkeit John Lennon

[148] William Blake (1757-1827), Dichter und Maler. Blakes Werke sind spirituell und durch seine religiösen Visionen geprägt. Oft illustrierte er seine Gedichte durch Kupferstiche. Die „Songs of Innocence and Experience“ gehören zu seinen bekanntesten Werken. Darin das berühmte Gedicht „The Tyger“.

abbildet. Vielleicht denkt Dylan daran, wie der witzige Moptop in „A Hard Day´s Night“ seine Unschuld verlor und aus ihm der Mensch wurde, der sich politisch äußerte und New York zuplakatierte mit den Postern „War Is Over – If you want it“ oder „Give Peace a Chance“.

Es gibt dennoch Leute, die es wohl nicht verdauen können, dass Dylan einen solch einfühlsamen Song über den „Devil“ geschrieben hat. Sie halten den Song vielmehr für ein Lied über den Apostel Johannes.[149] Überzeugender ist da der Kommentar von rabbitbunny, vor allem auch, weil man auf dem Videoclip des ersten Tracks zum Album „Tempest“ schon ein John-Lennon-Plakat im Hintergrund sieht.

"It's clear that Bob wrote it about John Lennon. One of the best songs about the Beatles and the absolute best tribute to Beatle Johnny Rebel. Thanks to Dylan for honoring Lennon in a most respectful way. ... From One Friend to Another!! Roll On John! - Rock in Peace!!"[150]

Es ist doch klar, dass Bob dieses [Lied] über John Lennon geschrieben hat. Eines der besten Lieder über die Beatles und das absolut beste Gedenken an Beatle Johnny, den Rebellen. Danke, Dylan, dass du Lennon so respektvoll gewürdigt hast. ... Von einem Freund für den anderen. Roll on John!– Rocke in Frieden!!

[149] Kees de Graaf: "Bob Dylan and John Lennon". June 27, 2019. Auf: https://www.keesdegraaf.com/media/Misc/1882p17psou9fm1e1d41g5m9gfs11p81.pdf

[150] Comment by rabbitbunny, January 03, 2014. Auf: https://songmeanings.com/songs/view/3530822107858845001/

Bildschirmfoto bei 0:16 aus dem Clip zu „Duquesne Whisle“[151]

[151] https://www.theguardian.com/music/musicblog/video/2012/aug/29/bob-dylan-duquesne-whistle

Back in the US (SR)

Zwischendurch geschieht etwas Unerhörtes: Die Beatles erobern Amerika. Zum ersten Mal schwappt eine neue Mode- und Musikwelle nicht über von Amerika nach Europa, sondern umgekehrt. Zum ersten Mal erobert eine europäische Musikgruppe den amerikanischen Markt. Es ist aber nicht einfach eine musikalische Welle, die über Amerika hereinbricht, es ist ein neues Lebensgefühl, das auch diese Nation verändern sollte.

Im Gedicht „The Beatles in Elk Horn, Iowa“ von Mike Fergusson sind die Beatles für die amerikanische Gesellschaft gefährlicher als Chruschtschows Raketen. Sie holen die amerikanischen Teens heraus aus ihren lächerlichen Luftschutzübungen und bringen sie auf die Idee, dass Veränderung möglich ist. Diese Vorstellung fegt wie ein Tornado über ein Land, das danach äußerlich wie innerlich nicht mehr dasselbe ist.

The Beatles in Elk Horn, Iowa

Two years on from newsclips of Russian missiles
Heading for Castro´s Cuba before getting to me,
The Beatles´ 'She Loves You' invaded Elk Horn´s
Homes like subversive messages from Krushchev
On our deluxe black and white TVs.

It´s 1964 and our small-town school drilled us in
Air-raid practices under wooden desks with a terrified
Face between the knees and time for alternative dreams:
Nuclear death, or English haircuts to shake on
Yeah, Yeah, Yeah and drive all the girls to screams.

We watched them on Ed´s all-American Show
Altered in the suggestion of such change.
In the moments beyond that need to listen
It was absorbing the same instant of shock that
Hit when Clay stole the history of Liston.

How they still startled in clean-cut suits and ties –
Harmonies as pure as Country and Western or a hymn.
It was an Iowa revolution from afar
And airwaves would whirl like a Midwestern tornado
To change our landscapes from there and within.[152]

Welche Wirkung die Beatles auf Amerika hatten, zeigt auch, dass John Lennon (stellvertretend für die Beatles) der einzige Nicht-Amerikaner ist, der in Forrest Gump auftritt. Der Film präsentiert wichtige Ereignisse und fiktive Treffen von Forrest mit Persönlichkeiten der amerikanischen Zeitgeschichte, die dieses Land geprägt und verändert haben: Elvis, Martin Luther King, die Anti-Vietnam-Bewegung oder eben John Lennon. Dazu passt der Nachrichtenclip von CBS zum 30. Jahrestag der Beatles-Invasion.

---

[152] Mike Ferguson: The Beatles in Elk Horn, Iowa. In: Phil Bowen, Damian Furniss, David Wooley (Hrsg.): Newspaper Taxis – Poetry after the Beatles. Bridgend, 2013. S. 34. Nachdruck mit freundlicher Genehmigung des Autors.

(64)

Dabei waren die Reaktionen von Anfang an – auf beiden Seiten – zwiespältig. In der Provokation des Songtitels „*Back in the USSR – you don´t know how lucky you are*“ (noch während des kalten Krieges) zeigt sich das ambivalente Verhältnis der Beatles zu den USA. Amerika war einerseits das gelobte Land, die Heimat der Helden ihrer Kindheit. Aus Amerika kamen viele Platten mit „schwarzer Musik“ im Liverpooler Hafen an, bevor Leute in London sie überhaupt zu Gehör bekamen. Aus Amerika kamen auch die Cadillacs, die Ringo bewunderte. Aus Amerika kam vor allem aber Elvis, das große Idol der frühen Beatles.

Erwähnenswert ist auch, dass alle Beatles nach Auflösung der Band engste Beziehungen zu Amerika pflegten. McCartney war 30 Jahre mit Linda Eastman verheiratet – einer Amerikanerin. Lennon zog mit Yoko Ono aus England fort ins „Rom des 20. Jahrhunderts“, wie er selbst sagte – New York. Ringo hat seinen Lebensmittelpunkt seit der Trennung der Beatles in Los Angeles. Harrison liebte sein Haus auf Hawaii und hatte den größten Erfolg nach „All things must pass“ mit den „Travelling Wilburys“, die sich in Kalifornien gründeten und dort beheimatet waren.

Andererseits waren die interkulturellen Differenzen unübersehbar. Die Beatles waren aus England den Rassismus der Südstaaten nicht gewohnt und lehnten ihn ab. In Jacksonville/Florida drohte das Konzert zu platzen, weil der Veranstalter ein „segregated audience“ geplant hatte, was heißt, Schwarze waren zum Konzert nicht zugelassen. Die Beatles fingen keine großartige politische Diskussion an, sondern sagten ganz einfach: „*No, that´s daft ... we don´t do that in England*“[153] („Das ist bescheuert, so was machen wir in England nicht“) und beharrten erfolgreich auf ihrem Standpunkt.

(65)

Daraufhin wurden Erlebnisse möglich, wie sie im Film „Eight Days A Week“[154] eine schwarze US-Bürgerin beschreibt. Anlässlich dieses Beatles-Konzerts durfte sie zum ersten Mal in ihrem Leben mit Weißen zusammen eine gemeinsame Erfahrung teilen. Dieses Erlebnis hat sie nachhaltig geprägt.[155]

(66)

Genauso emotional beschreibt der schwarze amerikanische Musiker Dereck Higgins die Situation, dass in den 60ern Schwarze „*worse than animals*“ behandelt wurden. Ein Hoffnungsschimmer schien die Wahl Kenndys zum 35. Präsidenten der Vereinigten Staaten zu sein. Doch als Kennedy erschossen wurde, war es so „*as if the lights went out, and when the Beatles came, the lights went on again.*“[156]

---

[153] Zitat aus dem Film „Eight Days A Week", s.u. Anmerkung 151.

[154] Ron Howard (Regisseur): The Beatles: Eight Days a Week – The Touring Years. 2016.

[155] Ron Howard's "Eight Days A Week: The Touring Years" featuring Dr. Kitty Oliver (Race AND Change). YouTube

[156] Dereck Higgins. In: "Review of *Eight Days A Week* film". Youtube.

(67) 1:00 – 2:30

In seinem Gedicht "On the Cast Iron Shore"[157] beschreibt Damian Furniss einen Aspekt der Verflechtung Beatles - Amerika, auf den auch Mark Lewisohn in seinem Google Interveiw[158] verweist. Es geht um die These, dass es die Beatles waren, die schwarze amerikanische Musik in den USA hörbar und populär gemacht haben. So wie Rockmusik in England verpönt war als Musik für Nichtsnutze und Halbkriminelle, so war schwarze Musik im Mainstream der Radiosender und der Plattenindustrie nicht existent. Deshalb gaben die von schwarzer Musik beeinflussten Beatles Amerika den Amerikanern zurück; aber in einem Aufzug, der für viele weiße Amerikaner genauso unamerikanisch war wie schwarze Musik: taillierte französische Cardin-Anzüge, Stiefeletten mit Tanzschuhabsätzen, lange Haare – das alles erinnerte doch sehr an Schwul-Sein, die Höchststrafe im Bible Belt der 60er Jahre. Und auch die frechen ironischen Bemerkungen widersprachen dem puritanischen Ernst in „God´s Own Country".

Furniss' Gedicht geht aber auch ein auf die Gefahren des Starruhms, so wie sie im Kapitel „Help me get my feet back on the ground" geschildert werden. Das Rund der Stadien wird zum Maul eines Löwen, der wie die Fans mit fürchterlichem Gebrüll seine Opfer zu verschlingen droht. Aber die Beatles zu vereinnahmen und im amerikanischen Traum aufgehen zu lassen, gelingt nicht. Denn die Geschichte von Amerika, so wie man sie heute zum Teil noch erzählt, wird trotz

---

[157] Ein Stück des Merseyufers in Liverpool, das auch im Song „Glass Onion" auftaucht: *„Standing on the Cast Iron Shore, yeah ..."*

[158] Tune In: The Beatles: All These Years | Mark Lewisohn | Talks at Google. 15.11.2013.

aller Rufe von „America first" zu Ende gehen. Das Land leidet an einer Krankheit (u.a. am immer noch immanenten und strukturellen Rassismus), für die es keinerlei Heilung zu geben scheint. Oder: der (weiße) amerikanische Traum ist so weit infiziert von einem Virus (Beatles), dass er in dieser Form nicht mehr überleben wird. „*Try to realise it's all within yourself / No one else can make you change / And to see you're really only very small / And life flows on within you and without you.*"[159]

America, the land Chuck sold to Elvis
And Elvis sold on to the Beatles
And the Beatles sold back to America
With a grin and a tapered-in suit
Kicking from the heel of a Chelsea boot

And into America: the lion´s mouth
Of the Coliseum is ready to roar,
Iflewild has laid out the tongue
Of its asphalt carpet, and teens
Scent something to sink their teeth in.

...

If they have a dream, let´s call it
America, where their stories end,
As the story of America has to end,
Stalked by a disease there´s no cure for,
Within you or without you.[160]

Man kann nicht genug betonen, wie groß die Wirkung der Beatles auf die amerikanische Gesellschaft war. Eine gewisse Bonnie Greer verließ sogar die Vereinigten Staaten der Beatles wegen:

---

[159] Aus George Harrison: "Within you and without you" auf Sgt. Pepper.

[160] Auszug aus: Damian Furniss: On the Cast Iron Shore. In: Bowen, Furniss, Wooley, a.a.O., S. 20/21. Nachdruck mit freundlicher Genehmigung des Autors. Das komplette Gedicht findet sich im Anhang.

"I had been a black girl growing up on the south side of Chicago, in the civil rights movement, the black students movement, Bobby Kennedy, all of it, but then there were the Beatles. They gave me agency. I moved to the UK because of them. Weird that it took four boys from Liverpool to do that. Through all their permutations, the Beatles were like Oz or Alice in Wonderland, a passageway to another world."[161]

Ich war ein schwarzes Mädchen, das in den südlichen Stadtteilen von Chicago aufgewachsen war mit der Bürgerrechtsbewegung, Bobby Kennedy und all dem, aber dann kamen die Beatles. Sie gaben mir Energie. Ihretwegen zog ich um nach England. Seltsam, dass vier Jungs aus Liverpool so etwas vermochten. Trotz ihrer vielen Wandlungen waren die Beatles immer wie der Zauberer von Oz oder Alice in Wonderland, ein Tor zu einer anderen Welt.

Aber es gab eben auch Unterschiede. Offensichtlich war der für die Beatles so wichtige „sense of humour" (bei Furniss heißt das: *„with a grin"*) nicht der gleiche. Wie schreibt John Lennon so schön in seinem oben erwähnten Vorwort zu den Goons:

„what it means to Americans I can't imagine (...) ... I keep thinking how much easier it would be to review it (= the Goon Scripts) *for a British paper."*[162]

Ich kann mir nicht vorstellen, was die Amerikaner damit anfangen können. Ich denke nur immer, um wieviel einfacher es wäre, wenn ich die Scripts für ein britisches Publikum rezensieren müsste.

Die Amerikaner ihrerseits waren entweder fasziniert von dieser Art von Humor, Musik und Lebensgefühl, so wie die Jugend in Elk Horn, oder sie standen all dem mit Unver-

---

[161] Bonnie Greer: "'I was shattered' – Paul Weller, Booker T and more on the day the Beatles split". - Interviews by Jude Rogers. Guardian, 09.04.2020.

[162] John Lennon in: The New York Times, 30. 9. 1973, „The Goon Show Scripts". http://www.telegoons.org/famous_fans.htm

ständnis gegenüber und sahen sich von diesem fremdartigen Gedankengut gar bedroht. Der Gouverneur von Ohio fühlte sich zu einer Fernsehansprache genötigt. Ganz staatstragend, vor dem Wappen des Bundesstaates stehend, wies er darauf hin, wie verwerflich es war, dass 14.000 Jugendliche, meist Mädchen und ohne Begleitung durch die Eltern, im Stadion zusammengekommen waren, um die Beatles zu sehen. Und jeder wusste, dass diese Show die Mädchen zu hysterischen Ausbrüchen verführen würde. „Sie hatten glasige Augen, sie rauften sich die Haare, sie zerrissen sich ihre Kleider – einige warfen sogar Zettel mit Nachrichten auf die Bühne, die höchst unerfreulich waren. Jemand ließ es sogar zu, dass sie die Stühle küssten, auf denen die Beatles gesessen hatten.“ Solch eine Verführung weißer amerikanischer Mädchen durch vier Ausländer wollte man von Staats wegen nicht zulassen.

Der erste Bericht im amerikanischen Fernsehen für CBS zeigt, wie das Phänomen „Beatles“ inklusive der komischen Haare, des eigentümlichen Humors, des Auftretens in der Öffentlichkeit sowie der Beibehaltung des Akzents zunächst gesehen wird. All das machte die Fab Four für die Amerikaner zu recht schrägen und seltsamen Vögeln, bei denen man noch nicht so genau wusste, wie man ihnen gegenübertreten sollte. Leider ist die vollständige Version bei YouTube nicht mehr verfügbar, denn besonders im Teil nach dem Beatles-Interview sind die kritischen Untertöne in diesem Bericht nicht zu überhören:

(68)

- Beatlemania wird als Krankheit – Epidemie – bezeichnet[163];
- die Fans werden unterschwellig als dumm dargestellt[164];
- sie (und der Haarschnitt) werden mit Tieren assoziiert[165];
- sie werden auf ein niedriges kulturelles und entwicklungsgeschichtliches Niveau gestellt.[166]

Außerdem scheinen sie sehr „unamerikanisch“, da sie keinerlei Anstalten machen, sich sprachlich irgendwie anzupassen, und stattdessen mit einem deutlich englischen Akzent sprechen.[167] Wie hat Marc Twain einmal so schön gesagt: *„Amerikaner und Engländer haben vieles gemein – außer der Sprache“*. Sie stehen sogar im Verdacht „anti-amerikanisch“ zu sein, weil sie als „authentisches Herz Englands“ aufbegehren gegen die Garde der amerikanischen Popsänger[168]. So nimmt der Kommentator sie durchaus ernst als Bedrohung und als Phänomen, dem die Soziologen eine *„deeper meaning“* bescheinigen.

Und was die Soziologen herausgefunden haben, ist gar nicht einmal so schlecht. Sie beschreiben das Phänomen Beatles recht genau:

- *„the authentic voice of the proletariate“* verweist sowohl auf den offenkundigen Akzent als auch auf die Herkunft als „working class heroes“;

---

163 „where an **epedemic** called „Beatlemania“ has seized the teenage population“

164 „especially female – some of the girls **can write**“

165 „**hords** of screaming juveniles“ + „the **sheep**dog hairdo“

166 „the modern manifestation of compulsive **tribal** singing“

167 Gut zu hören in Harrisons Antwort bei 1:20 ff.

168 „the **authentic heart of Britain** in **revolting against the American cult** of pop singers“

(69)

- *„the authentic heart of Britain"* spiegelt mit "Herz" die emotionale Seite der Beziehung des Publikums zu den Beatles wider, die breite Bevölkerungsschichten mit ihrer „Britishness" und ihrem Humor bezaubern;
- *„they represent authentic British youth: self-confident, natural, direct, decent, vital, throbbing"; self-confident* und *direct* werden die Beatles spätestens ab 1965 in den Interviews, wenn sie sich nach Lennons „Bigger than Jesus"-Äußerung verteidigen müssen; und *„vital"* zeigt den Mut zur Veränderung in Text und Musik;
- *„they symbolize the 20th century non-hero"*: die Beatles sind nicht nur für George Martin „the boys"; für viele sind es die Jungs von nebenan, aus dem Volk, nicht irgendwelche künstlich generierte Medienprodukte;
- *„make non-music"*: jedenfalls machen sie nicht die gewohnte Art von Musik; später verlassen sie die konventionellen Sphären der Pop-Musik;
- *„wear non-haircuts"*: für solche "Frisuren" braucht man keinen Frisör;
- *„give non-mercy"*: sie haben „keine Angst vor Niemandem": siehe unten die Interviews, die Marcos-Affäre und das Jesus-Zitat im Kapitel „Run for your life"; es handelt sich aber auch um eine Anspielung auf den *Mersey*beat, so genannt nach dem Fluss in Liverpool.

Ein Beispiel für *„the authentic voice of the proletariate"* findet man wieder in „A Hard Day´s Night". Hier treffen der Fashion-Designer mit Oxford Hintergrund und der „Liverpool lad" aufeinander. Der vermeintliche Trendsetter versucht sich einzuschmeicheln, indem er In-Phrases benutzt wie *„you will dig them*" (du wirst sie (= die Hemden) geil/mega finden), wird aber von George mit dem wirklichen In-Word „grotty" abgebürstet, das sofort notiert wird. Der Liverpool lad beendet das Gesülze („all that crap") und macht sich über die High-Society-Trendsetter lustig: *„That posh bird ... she is a drag .... We turn the sound down and say rude things"*. (Diese vornehme Schnepfe ... sie ist zum Gähnen ... wir drehen den Ton ab und machen schmutzige Witze über sie.) So wird die Scheinwelt der "beautiful people" entlarvt durch den Vertreter einer Band, die (wenigstens im Film?) den Kontakt zur Realität noch nicht verloren hat.

(70)

Direkt aus „A Hard Day´s Night" könnten viele Szenen von der Zugfahrt nach Washington und dem dortigen Auftritt stammen. Leider ist auch dieser Clip nicht mehr verfügbar, man kann die Goonschen Slapstick-Auftritte von Ringo als Fotograf oder von George als Kellner nur in der Dokumentation „The Beatles: The First U.S. Visit" von Albert Maysles und David Maysles verfolgen. Leichte Seitenhiebe gegen die „Greatest Nation On Earth" finden sich sowohl in der Marlboro-Szene *(„A great cigarette for a great man")* als auch bei Ringos Antwort auf die Frage eines Reporters „How do you like it here?": *„It´s great in New York!"* – wo sie doch gerade in Washington angekommen sind. *„Oh, that´s the place."* Das offenbart nicht besonders viel (und den erwarteten) Respekt vor der amerikanischen Hauptstadt.

(71) 1:49 – 2:01

Bei den Bildern vom Konzert in Washington wird der Unterschied deutlich zwischen der fast noch „familiären" Atmosphäre dort (keine Barrieren zwischen Band und Zuschauern, Ringo muss sein Schlagzeug selbst in die richte Stellung bringen) und dem gigantischen Konzert im Shea Stadium zwei Jahre später. Noch überwiegt die positive Stimmung auf beiden Seiten. Die Beatles haben genauso viel Spaß wie die Zuschauer.

I´m down

Der Höhepunkt der Amerikatourneen und zugleich ein Höhepunkt der Beatles als live auftretender Band mit geschätzten 55000 bis 65000 Zuschauern war das Konzert im Shea Stadium – das erste Großereignis dieser Art. Darüber hinaus war es auch ein Wendepunkt und der Beginn vom Ende dieser Phase. Solch eine Umkehr spiegelt sich beispielhaft in den beiden Nummern „I´m Down" und „Help" aus dem Auftritt im Shea Stadium. Noch ist „I´m Down" ironisch gemeint. Es zeigt den Rest von Freude, den die Auftritte bereiten. Aber im Clip sieht man deutlich, dass die Beatles jetzt eher untereinander kommunizieren und nicht mehr mit dem Publikum.

(x71) 21:33 – 22:00

Das Lied steht auch für die Weiterentwicklung im Songwriting. Thematisiert wird das Ende einer Beziehung. In diesem Song ist aber nicht der Inhalt das Interessanteste sondern vor allem die Erzählperspektive, die „point of view"-Technik. Wir haben es mit einer Geschichte zu tun, die auf verschiedenen Ebenen erzählt wird:

Die Geschichte so, wie sie **vom Protagonisten präsentiert** wird.

Die Geschichte so, wie sie **vom Hörer antizipiert** wird.

Die Geschichte so, wie sie **von Protagonist und Hörer kommentiert** wird.

Die erste Ebene ist die des Textes, der Geschichte einer unglücklichen Beziehung zwischen dem Ich-Erzähler und „a girl“. Doch schon bei der Gestaltung dieses Erlebnisses spielt der Autor mit der Erwartungshaltung des Lesers. Wenn man den Satzanfang bzw. die Situation „*Man buys ring …*“ im Sinne eines traditionellen Pop-Songs zu Ende denkt, könnte man so etwas erwarten wie in „Ob la di…“, wo der männliche Part seiner Angebeteten den obligatorischen „diamond ring“ kauft und diese sich darüber gebührend freut. Die Zeile endet aber so:

woman ***throws it away.***

Ähnlich ist es mit: *“We´re all alone and there´s nobody else …”*. Hier könnte man an die Situation in “Kissin´ in the back row of the movies“ von den Drifters denken:

Kissin' in the back row
Of the movies on a Saturday night with you
Holdin' hands together, you and I
Holdin' hands together

Doch das Ende der Zeile lautet: „*She´ll still moan* ***'Keep your hands to yourself!'***“

Mit ganz wenigen Worten ist die Situation klar: Es geht um die Gegensätze I / YOU und LAUGH / CRY. Dabei ist die Zuordnung klar: Das (weibliche) YOU ist durch das Verhalten (Auslachen) Grund für die Seelenverfassung (cry) des (männlichen) I:

You *tell lies thinking* ***I*** *can't see*
You can't ***cry*** *(=but I do) 'cause you're* ***laughing*** *at me*

Die Komposition für diese elementare Situation ist denkbar einfach. Alles ist auf das Nötigste reduziert in dieser Situation der „Schockstarre“, die für großartige Reflexionen keinen Platz lässt:

1. Ein absoluter Grundwortschatz germanischen Ursprungs mit meist einsilbigen Wörtern (*man, buy, ring, cry, laugh, see, hand,* etc.).

2. Auch die Syntax ist auf ihre wirklich unentbehrlichen Elemente reduziert, Artikel zum Beispiel fallen weg: *man buys ring.*

3. Diese Stilmittel werden gespiegelt auf der musikalischen Ebene durch eine Art „Eintonmelodie". Eine gefeilte Ausdrucksweise (sprachlich wie musikalisch) ist in dieser erbärmlichen Situation nicht möglich.

Die formale Gestaltung unterstützt somit die inhaltliche Aussage als poetische Funktion.

Was da auf der Erzählebene abläuft, ist natürlich alles wirklich schlimm und zum Heulen, aber trotzdem muss der Zuhörer schmunzeln. „*How can you laugh*?" richtet sich jetzt nicht mehr nur an die Angebetete aus der ersten Strophe, sondern ist ein Dialog mit dem (überlegenen) Zuhörer, der als distanzierter Beobachter zwar den Frust des Protagonisten registriert, aber darauf mit einem für den Betroffenen unverständlichen Schmunzeln reagiert. Er weiß nämlich, dass diese Situation für den gerade Betroffenen unendlich schmerzhaft ist, dass er aber bald darüber hinwegkommen wird. So wie der Zuhörer selbst – und mit ihm Millionen von Zuhörern – diese Situation erlebt und überlebt haben und sich jetzt schmunzelnd an ihre Teenagertage und diese Weltuntergangssituationen erinnern. Und sie wissen, dass auch der Protagonist in wenigen Jahren selbst lachen wird, wenn er die Gewichtigkeit dieser Situation angemessen einschätzen kann.

Wegen der ironische Gestaltung einer solchen Situation bemerkt Macdonald auch trotz der „pseudo-hysteria" im Gesang von McCartney ganz richtig: „while exciting, (it)was conceived mainly as a joke".[169] Das kommt überzeugend rüber

[169] MacDonald, S.124.

während der Liveaufführung im Shea Stadium, bei der sich Lennon vor Lachen kaum noch halten kann. Die Ironie wird im kreischenden Publikum wohl untergehen. Deshalb bleibt den Beatles nur noch die Interaktion innerhalb der Gruppe.

(x72) ab 27:25

Help me get my feet back on the ground

„I´m down" ist aber nicht nur zum Lachen. Der Titel verweist auf die Stimmung, die sich langsam angesichts der Strapazen während dieser Konzerte breit machte. Bezeichnend sind die Szenen aus dem Shea Stadium, wo sich schon vor dem Konzert ein Polizist und ein kleines Mädchen die Ohren zuhalten, um sich vor der Lärmkulisse zu schützen. Und zwar nicht wegen der lauten Musik (die Beatles spielen noch gar nicht), sondern wegen der kreischenden Fans.

(72) 2:25 und 3:25

Es ist eigentlich gar nicht mehr relevant, ob oder was die Beatles spielen oder sagen, das Ganze ist ein reines Happening für die Zuschauer geworden. John Lennons verzweifelte Versuche, sich gegen das Geschrei durchzusetzen, sagen alles.

„Help" ist ein Hinweis darauf, wie es hinter der Fassade brodelt und die ewigen Tourneen ihren Tribut fordern. Es ist der Hilferuf eines Musikers, der völlig ausgepowert ist von den dauernden Auftritten, die einher gingen mit *„an orgiastic round of whores and groupies on the road"*[170], und der dabei

[170] MacDonald, S.120

ständig neue Erfahrungen machen musste/konnte (auch mit Drogen): *„I've opened up the doors"*. Auf jeden Fall war die unbeschwerte Zeit der Anfangsjahre vorbei. *„I was singing help because I meant it – it´s real."*[171]

Die weltweiten Auftritte und die Kehrseiten des Ruhms führten zu einer Destabilisierung: *„I'm feeling down - I'm not so self-assured - my life has changed in oh so many ways - I feel so insecure"*. So schön der Anfang des Erfolges und der Beginn der Beatlemania auch gewesen sein mögen, der Auftritt im Shea Stadium beweist, dass die Beatles jetzt Opfer ihres Erfolgs werden und damit unfähig und unwillig, dieses Leben fortzuführen. Die Beatles standen vor der Möglichkeit, so weiterzumachen, bis die Blase platzt, oder das Risiko einzugehen, einen radikalen Schnitt zu wagen und ihr Leben völlig zu ändern: *„Help me get my feet back on the ground"*. Ein Blick auf das Sgt. Pepper Cover zeigt, wie gründlich der Schritt der Veränderung vollzogen wurde: selbst der Name „Beatles" scheint hier begraben zu werden.[172]

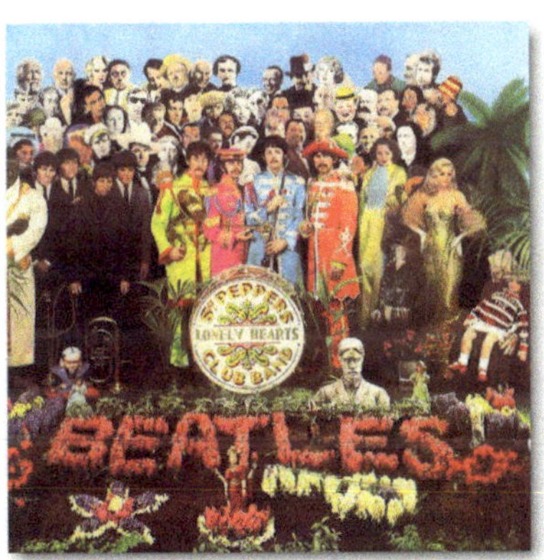

Die Tourneen mussten also dringend zu Ende gehen, aus verschiedenen Gründen:

[171] Aus dem Trailer zum Film „Eight Days A Week".
https://www.youtube.com/watch?v=ps1kkrxLZAw
[172] Der untere Bildteil war nicht als „Grab" intendiert, die Assoziation ist aber durchaus vorhanden.

1. Die Beatles wurden als Band musikalisch schlechter. Durch das Schreien der Fans war das Geräuschniveau zum Teil so hoch, dass die Band sich selbst nicht mehr hörte. Ringo berichtet, dass er an den Bewegungen und den Lippen der Sänger der Band ablesen musste, an welcher Stelle des Stücks sie gerade waren.

2. Durch die ständigen Wiederholungen und die Tatsache, dass ein immer größeres (und älteres) Publikum sich an sie als *„lovable national heroes"*[173] gewöhnte, drohten die Beatles als „performing act" altbacken zu wirken. Hier gab es mittlerweile Acts, die als virtuose Instrumentalisten (Clapton, Hendrix) [174] die Bühnen betraten und die Lücke füllten, die die Beatles als „ehemalige Revoluzzer" nun hinterließen. Es war auch die Stunde der Rolling Stones. Das Klischee der „wilden Stones" und der „braven Beatles" war geboren[175].

(73) 6:30 – 7:12

3. Dadurch, dass die Beatles sich als Persönlichkeiten weiter entwickelten und reiften, brachten sie sich selbst in Schwierigkeiten und waren längst nicht mehr „everybody´s darling". Die Pressetermine nach den Auftritten wurden immer nervender. In den USA wurden die

[173] Zitat aus diesem Clip.
[174] Übrigens alle Freunde der Beatles.
[175] Das mag für 1965 gegolten haben. Nachdem aber die Beatles 1966 endgültig keine live auftretende Band mehr waren, wurde dieses Klischee zu einem Vergleich von Äpfeln und Birnen. Die Stones wurden die perfekten Performer – aber die Beatles wurden mit Revolver „creative artists" mit einem ganz anderen Schwerpunkt.

Beatles zu einem gefundenen Fressen für das Lager derer, die sie schon immer als zutiefst „unamerikanisch“ und als eine Bedrohung der Werte in diesem Land ansahen.

Eine tiefgreifende Wende stand deshalb bevor. Es blieben eigentlich nur noch zwei Möglichkeiten: die Beatles würden entweder als alternde Band bis auf alle Zeiten wie Elvis auf den Bühnen in Las Vegas „I want to hold your hand“ singen – oder aber die Auflösung des Projekts „Beatles“, zumindest als Live-Band, war abzusehen.

The Beatles like those other Beatles

Die Gruppe der Beatles-Gegner – vor allem in den USA – fühlte sich vollends bestätigt nach dem Interview, das John Lennon einer englischen Zeitung gegeben hatte und das als „Jesus Interview“[176] berühmt/berüchtigt wurde. Aus einer beiläufigen Bemerkung in einem Interview mit dem „Evening Standard“ entwickelte sich in den USA ein handfester Skandal, oder – wie George es ausdrückte – *„there was all this big pallaver going on*“. Auf zahlreichen Pressekonferenzen musste John Lennon sich rechtfertigen und reagierte dann immer gereizter auf die auch immer aggressiver werdenden Fragen der Journalisten.

Lennon macht dies deutlich, wenn er in einem dieser Interviews auf das Bild der *„Beatles as a remote thing“* verweist, dem Bild der Gruppe in der Öffentlichkeit, das sich längst verselbständigt hatte und nichts mehr gemein hatte mit den vier Persönlichkeiten, die aus diesem Affentheater bald ausbrechen sollten. *„The Beatles like those other Beatles*“: eine Visualisierung dieses Dilemmas sollte das Publikum auf dem oben gezeigten Cover von Sgt. Pepper erkennen können. The Beatles „as a remote thing“ sind begraben oder stehen in Form lebloser Wachsfiguren aus Mme Tussauds im Bild, während die vier Charaktere Lennon, McCartney, Harrison und Starkey in farbenfrohen Kostümen als neue *Sgt. Pepper´s Lonely Hearts Club Band* selbstbewusst in die Kamera schauen.

---

[176] Lennon hatte in einem Interview mit der Journalistin Maureen Cleave gesagt, die Beatles wären bei der jüngeren Generation mittlerweile populärer als Jesus. Während die Aussage in England keine Beachtung fand, löste sie in den USA einen Aufschrei aus.

Erklärungsversuche, die Bemerkungen enthielten wie *„Jesus Christ as a person or* ***God as a thing*** *or whatever* ***it*** *is“*[177] waren natürlich auch nicht hilfreich, die Situation zu deeskalieren. John Lennon machte klar, dass die Beatles sich nicht (völlig) einer Imagekampagne unterordnen würden. Das Bild der in chicen Anzügen auftretenden Everybody´s Darlings war diesen Persönlichkeiten, die mittlerweile das Album „Revolver“ mit Titeln wie *Eleanor Rigby* oder *Tomorrow Never Knows* produzierten, nicht mehr wichtig.

„It doesn´t matter about people not liking our records or not liking the way we look or what we say. And we are entitled not to have anything to do with them ... we´ve all got our rights, you know.”

Es spielt keine Rolle, ob die Leute unsere Platten nicht mögen oder die Art, wie wir aussehen oder das, was wir sagen. Und wir haben das Recht, mit ihnen nichts zu tun haben zu wollen ... denn wir haben alle unsere Rechte, nicht wahr?![178]

(74) Anfang

In seinem Interview aus dem Film „Eight Days A Week“ weist Dereck Higgins auf das angespannte Verhältnis zur amerikanischen Presse hin, wenn er die *„smart, dignified, down to earth“*-Beatles Journalisten gegenüberstellt, die er als *„crazy“* und *„unethical ... merchants of negativity“* bezeichnet, und die die Beatles offensichtlich kaputt machen wollen mit ihren *„insane news conferences“* und *„horrid questions“*.

[177] Hervorhebungen von mir.

[178] Zitat aus dem folgenden Videoclip.

(75) 2:54 – 3:35

Wie sehr sich das Verhältnis Medien – Beatles veränderte, zeigen nicht nur Bilder von Pressekonferenzen, sondern vor allem die Interviews selbst. Was anfangs noch fröhlich und unbeschwert war, wurde mit der Zeit immer bissiger und aggressiver.

(76)

Der folgende Zusammenschnitt von Interviews zeigt einige der „horrid questions", von denen Higgins spricht. Er zeigt auch, wie nervend diese Interviews wurden und wie genervt die Beatles von den unterschwellig aggressiven Fragen der Reporter waren.

Q: "What is the closest you have come to losing life and limb?[179]"

Some place in New Zealand and I think ... Houston. Whenever we go to Texas we get almost killed, you know. They are too busy guarding the oil down there.

Q: "What is the best City you have performed in?"

... Atlanta, because they had a proper microphone system and all the people could hear us[180].

---

[179] Eine Anspielung sowohl auf die „Zuneigung" der Fans als auch auf die Gefahr nach der Jesus-Bemerkung. Die Retourkutsche steckt in „Houston": das ist nicht weit von Dallas, wo Kennedy ermordet wurde.

Zu Johns Bemerkung über Jesus:

We could say a thing, like John´s religious thing, in England – and it wouldn´t been taken up and misinterpreted quite as much as it tends to be here a bit. Well, I mean, you know it does, it was, ... I think ***you can say things like that in England***, and people would listen a bit more than they do in America, because in America somebody would take it up and use it completely against you and not having many scruples about doing that.
I´m probably putting my foot in saying that ... (John) but we´ll explain that in the next interview ...
Oh well, it´s just wonderful here ☺.[181]

Q: "John, why did you decide to make "How I won the war" – ***minus the other Beatles****?[182]"*

Because he (= Richard Lester) just asked me – and I just said "yes", it was just like that.

Q: "Do you consider that now, since you´ve been in the US here for almost a week, that this religious issue is answered once and for all? Would you clarify and repeat the answer[183] that you gave in Chicago?"

I can´t repeat it again because I don´t know what I said, you know.

---

[180] Anspielung auf die miese Tonqualität beim Interview im High-Tech-Land USA.

[181] Paul merkt gerade, wie schlecht das bigotte Amerika in seinem Vergleich zu England abschneidet. Der ironische Schluss macht die Sache nicht besser.

[182] *„minus the other Beatles"* suggeriert, dass die Zeit der Beatles vorbei ist und diese sich schon in einem Auflösungsprozess befinden – richtig für die Band „The Beatles", völlig falsch für die kreative Studiogruppe.

[183] Genau dazu will der Reporter John Lennon verführen, um den Skandal am Brodeln zu halten.

Q: "Well, would you clarify the words attributed to you?"

You tell me what you think I meant[184] and I´ll tell you whether I agree or ...

Q: "Well, some of the remarks attributed to you in some of the newspapers, the press here, said concerning the remark that you made comparing the relative popularity of the Beatles with Jesus Christ that the Beatles were more popular. This created quite a controversy and a furor in this country, as you are obviously aware ... "

(Paul) Did you hear that John, you created a furor!

Q: "Now, would you clarify the remark?"

Well, I´ve clarified it about 800 times[185]. I could have said TV or anything else. And that´s as clear as it can be ... I just used "Beatles" because I know about them a bit more than TV – or I could have said any number of things – wouldn´t have got as much publicity then.

Q: "Do you think this controversy has hurt your career or has helped you? Professionally you´re obviously quite aware of it."

(Paul) It hasn´t helped or hindered ... I think most sensible people took it for what it was, and it was only the bigots (= bornierte (besonders religiöse) Fanatiker) [186] who took it up and thought it was on their side, they thought "haha – here´s something to get them for", but when they read it, they saw that there was nothing wrong with it, really.

---

[184] Retourkutsche: So muss der Reporter das Unsagbare sagen. Wie er sich dabei windet, zeigt das folgende höchst komplizierte Syntagma.

[185] Anspielung auf die ständigen Provokationen, die „anstößige Bemerkung" noch einmal zu wiederholen, als Beweis dafür, welch schädlicher Einfluss von den Beatles ausgeht und wie teuflisch diese Menschen sind.

[186] Also auch der Fragesteller

Q: "In a recent article, Time magazine put down pop music, and they referred to "Day Tripper" as being about a protitute[187] *and "Norwegian Wood" as being about a lesbian. Now, I just wanted to know what your intent was when you wrote it and what your feeling is about the Time magazine criticism of the music that is being written today."*

We´re just trying to write songs about prostitutes and lesbians, that´s all.

Q: "May I ask about the song "Eleanor Rigby". What was the motivation or inspiration for that?"

Two queers (= Schwuchteln).

Q: "George, before you left England, you made a statement that you were going to America to be beaten up by Americans. Do you mean to say in so many words that you fell that the American fan is more a hostile fan[188]*... ... or more an enthusiastic fan?"*

Actually I said that when we arrived back from Manila. They said "What are you going to do next?" I said "We´re going to rest up before we´re going to get beaten up over there". Merely, "beaten up" is just ... really, we just get shoved around, a bit jostled around in cars and planes, so you know, that´s all it is.[189]

[187] Der nächste Versuch, die Beatles als Antichristen in Verruf zu bringen. Im Biblebelt das nächst schlimmste Verbrechen: Prostitution oder Homosexualität!

[188] Genau das will der Reporter hören! Dann hätte man die Beatles endgültig des Anti-Amerikanismus überführt.

[189] Das stimmt nicht ganz. Die Beatles waren schon sauer, wenn sie in Umzugs-LKW über das Rollfeld transportiert wurden oder in kaum verkehrssicheren Charterflugzeugen durch die USA geflogen wurden. Außerdem hatten sie sich diesen Punkt schon als innere Rechtfertigung für den Ausstieg zurechtgelegt.

Q: "I wanted to ask about your image, the image. How has your image changed since 63? Is it a little more ..., is it the same ..."

An image is how you see us, so you know, you can only answer that.
You are the only one to know.

Q. "No, I wanna know your opinion. Is it a little tarnished (= befleckt) *now*[190]*, is it more realistic, or what would you say it is? I know, I have my opinion*[191] *..."*

We can´t tell you our image, you know. Our image is what we read in the newspapers, and that´s the same as you read. We know our real image – which is nothing like "our image".
Forget it!

Hier sind die Interviews „live“:

(77) 1:15 – 3:37, 5:02 – 5:14, 6:50 – 8:50

Auffallend ist, dass Lennon wie auch McCartney die kulturellen Unterschiede UK – USA betonen.

(78) 18:40 – 19:29

[190] Das sollen sie zugeben: Das Image ist nicht mehr „unbefleckt“.

[191] Es ist nicht schwer, diese zu erraten.

Das gilt auch für ein anderes Thema, bei dem amerikanische Patrioten die Beatles gerne weiter in die Enge treiben würden:

Q: "Would any of you care to comment on any aspect of the war in Vietnam?"

John*: "We don't like it."*

Q: "Could you elaborate[192] any?"

John*: "No. I've elaborated enough[193], you know. We just don't like it. We don't like war."*

George*: "It's, you know ... It's just war is wrong, and* ***it's obvious it's wrong. And that's all that needs to be said about it.[194]***

Paul: "We can elaborate in England[195]."[196]

Die Feindseligkeit gegenüber den „neuen Beatles“ zeigt sich besonders im amerikanischen „Biblebelt“. Hier droht der KuKluxKlan offen mit Terroranschlägen.

(79) 1:43 – 2:32

[192] Das ist der gleiche Trick wie beim Jesus-Kommentar.

[193] Vergleiche: „I´ve said it about 800 times ...“

[194] Hervorhebung von mir.

[195] Die “Beschränkungen” in England sind eben nicht ganz so groß :)

[196] In: The Beatles Ultimate Experience. Beatles Interviews Database: “Beatle Press Conference: New York City 8/22/1966.” http://www.beatlesinterviews.org/db1966.0822.beatles.html

Zusätzlich finden in den Südstaaten öffentliche Verbrennungen von Beatles-Platten und Devotionalien statt.

(80) 0:32 – 0:59

Dazu eine kleine Episode am Rande:

Für den 12. August 1966 hatte der texanische Radiosender KLUE als einer der ersten zu einem „Beatles bonfire“ aufgerufen, bei dem Beatles-Platten und Fanartikel auf einem Scheiterhaufen verbrannt werden sollten. Doch die Verbrennung nahm ein unerwartetes Ende:

„Niemals wieder werden auf diesem Sender Beatles-Lieder gespielt“, versprach der Disc Jockey des Senders, der die Verbrennung auf seinem Gelände sponsorte und auch für einen Großteil des Brennmaterials sorgte. Alle seine Beatles-Platten endeten im Feuer. Unter den 1500 Anwesenden waren Jugendliche mit ihren Platten, Zeitschriften, T-Shirts und Fotos, aber auch Erwachsene und Leute, die an diesem Freitagabend nichts anderes zu tun hatten. Der Reporter Paul Schnitt (Schreibfehler? Schmitt?) schließt seine Reportage mit einem ironischen Unterton folgendermaßen:

„Jemand sagte, er wünschte, die Beatles wären selbst auch da. Dann könnten sie mit ins Feuer geworfen werden. Ein anderer zeigte den Willen, der Gruppe eine zweite Chance zu geben, falls Lennon sich entschuldigte.

Ich wünschte mir irgendwie, ich hätte ein paar Marshmallows zum Rösten mitgebracht. Als alles vorbei war, war von den ganzen Beatles-Sachen nichts mehr übrig als die Asche.

Aber es gibt eine Fortsetzung der Geschichte: Am nächsten Tag, Samstag, den 13. August, bildeten sich dunkle Wolken über dem Gebiet von Longview, gefolgt von einem schlimmen

Gewitter. Und, so wahr mir John Lennon helfe, wurde das KLUE Studio vom Blitz getroffen, und der Manager ging bewusstlos zu Boden. Yea, Yea, Yea …"[197]

(81)

[197] http://mediaconfidential.blogspot.de/2014/08/august-13-in-radio-history.html

Beatle Burning Has Lightning Climax

PAUL SCHNITT
Independent Reporter

They had a Beatle (paraphernalia-) burning deep in the heart of Texas recently while I was visiting my parents in the old home town.

A local radio station in Longview, Tex. — KLUE — took the initiative after Beatle John Lennon shocked the world with his statement — misinterpreted or not — that the British rock 'n roll group is more popular today than Jesus.

"There comes a time when a radio station must take a stand," commented the disc jockey somberly over the radio.

KLUE took a stand, indeed.

"Never again would a Beatle record be played on this station," he said.

KLUE sponsored the Beatle Burning right in its own front yard. The station is located a few miles out of town on a hill, in the middle of nowhere.

Someone estimated the crowd at over 4,000 but that was a true Texas exaggeration. There were about 1,500 people of all ages and inclinations.

The adults, and there were quite a few, seemed to take the ceremony most seriously. The teen-agers brought their Beatle paraphernalia — record albums, magazines, sheet music, photographs, sweatshirts — and marched to the site of the bonfire.

The radio station, however, provided most of the fuel, offering its entire collection of Beatle records.

Hardcore Beatle fans, willing to forgive and forget Lennon's words, were on hand, too. So were many indifferent persons who just had nothing else to do that Friday night.

The station disc jockey who emceed the affair announced the burning was about to begin and the crowd gathered around the huge pile. The fire was started and everybody watched, some cheering, others booing while a local rock 'n roll group played some music, conspicously nothing recorded by the Beatles.

Newsmen roamed through the crowd shoving microphones into people's faces asking opinions. Someone said he wished the Beatles were there so they could be thrown into the fire. One man said he'd be willing to give the group another chance since Lennon apologized.

I sort of wished I brought some marshmallows to roast.

When it was all over there was nothing left of the Beatle paraphernalia but ashes.

There's a sequel to the story.

The next day, Saturday, Aug. 13, 1966, dark black clouds formed over the Longview area followed by a vicious thunderstorm. And, so help me John Lennon, the KLUE station was struck by lightning and the manager was knocked unconscious.

Yea, Yea, Yea . . .

Run for your life

Noch schlimmer als die Nadelstiche aus den USA war jedoch das Erlebnis auf den Philippinen, das sich zu einer ernsthaft bedrohlichen Situation entwickelte. Der Anlass: die Beatles hatten eine Einladung aus dem Präsidentenpalast von Diktatorgattin Esmelda Marcos ausgeschlagen. Der Grund dafür, typisch Beatles: „Das war unser freier Tag." Als Konsequenz aus der Philippinen-Tournee äußert John Lennon im BBC-Interview dann den programmatischen Satz: "*I´ll just never go to any nuthouses again*!" (Ich werde ganz einfach nie mehr in irgendwelche Irrenanstalten gehen.*)* Ein deutlicher Hinweis auf das Ende der Tourneen.

(82) 1:16

(83)

Die Szenen der Scheiterhaufen und der Vertreibung aus den Philippinen ist in der Beatles-Anthology in eindrucksvollen Bildern zusammengefasst und mit dem Song „I´m only sleeping" vom zeitgleich entstandenen Album *Revolver* unterlegt. Diese Sequenz macht den Entschluss der Beatles verständlich, sich als Gruppe neu zu erfinden und die Tourneen endgültig zu beenden. Aufschlussreich sind die folgenden Zeilen:

Went out in the middle of a dream, stay in bed, float upstream … please don´t wake me, no, don´t shake me, leave me where I am, I´m only sleeping … think they´re crazy, running everywhere at such a speed, till they find there´s no need … please don´t spoil my day, I´m miles away and after all, I´m only sleeping …

(84)

Wenn man wie im Video die Musik auf die Filmszenen bezieht, erkennt man die Sehnsucht *(in the middle of a dream)*, aus dem Tourneezirkus auszubrechen (*stay in bed, float upstream*). Fast vier Jahre lang sind die Beatles mit einem mörderischen Programm durch die Welt getourt (*running everywhere at such a speed*), wirklich *crazy*. Jetzt fühlen sie, dass so etwas nicht mehr möglich und nötig ist (*they find there´s no need*), man muss einen neuen Lebensabschnitt beginnen, ohne Auftritte, mit Muße für eine neue Art von Musik. George Harrison sagt über die Einstellung der Band: "*We were seeing it then … as no longer naive … by this time the dental experience had made us see it from a different light … and it was no longer fun anymore.*"[198].

[198] "The dental experience" ist natürlich ein "mental experience" – gemeint sind die Drogenerfahrungen *"I´m miles away …"*.

(85) Besonders 1:00 – 1:40

Diese Flucht aus einer immer absurder werdenden Realität – "*think they're crazy*" – hatte sich schon angekündigt in „A Hard Day's Night", wo die Vier aus dem Trubel der Verpflichtungen ausbrechen, um ein wenig Spaß auf dem Sportfeld zu haben.

(86) 10:38 – 12:48

Mit dem Konzert am 29.08.1966 im Candlestick Park San Francisco fiel kurze Zeit später der letzte Vorhang für die Beatles als Band im eigentlichen Sinn. Mit „Revolver" und „Sgt. Pepper" änderte sich alles. Die Band, die als Beatles ihren letzten Auftritt im Candlestick Park hatte, ist fortan begraben wie auf dem Cover von Sgt. Pepper. Bis zum „rooftop concert" für „Let it Be" wird es keine live auftretenden Beatles mehr geben.

Zum versöhnlichen Abschluss muss man bedenken, dass die zuletzt erwähnten negativen Reaktionen in den USA nicht das ganze Amerika widerspiegeln. Es gab auch viele andere Stimmen, und im Rückblick von CBS spielt das „Pallaver" gar keine Rolle mehr.

(87)

Slow down

Mit dem Ende der Tourneen können die Beatles sich endlich auf das konzentrieren, was auf dem Album Revolver einen ersten Höhepunkt erreicht: die Weiterentwicklung der Musik – nicht nur ihrer eigenen und der gesamten Popmusik, sondern – wie Howard Goodall meint – auch der Musik(geschichte) allgemein. „Eleanor Rigby" soll als Beispiel dienen. Hier wird die Ebene des traditionellen Popsongs endgültig verlassen. Aus Pop wird Kunst, und zwar „Art with a capital A". In seiner Vorlesungsreihe „*The Unanswered Question, Six Talks at Harvard*" stellt Leonard Bernstein[199] „Eleanor Rigby" in eine Reihe mit anderen Kunstwerken wie Becketts „Waiting for Godot" oder „Der Fremde" von Camus.[200]

(88) 1:30:30 – 1:31:55

Die Beatles verlassen also die Sphären üblicher Popmusik und produzieren Kunst, die sich mit klassischen Beispielen messen kann. Um diesen Quantensprung zu analysieren, stellt sich Howard Goodall folgende Frage:

---

[199] Bedeutender amerikanischer Komponist und Dirigent (1918 – 1990).

[200] http://www.theculturelub.net/2009/12/01/leonard-bernstein-from-mahler-to-the-beatles/

„They released a track that was different from any pop song anyone had heard before ... What is happening inside this music to produce so chilling and moving an effect on us? Why is it so different from anything that was going on in 1966?"[201]	Sie veröffentlichten einen Track, der sich von jedem Popsong unterschied, den man bis dahin gehört hatte ... Was geschieht in dieser Musik, dass sie so einen bewegenden Effekt auf uns hat? Warum ist sie so anders als alles, was 1966 passierte?

Für uns ist es mittlerweile schwierig geworden, die Unterschiede zu anderen Popsongs überhaupt zu erkennen, denn Eleanor Rigby klingt für heutige Hörgewohnheiten einigermaßen „normal". Man muss sich aber die Zeitumstände vergegenwärtigen, um zu verstehen, dass es nach dem Auspacken der Platte und dem ersten Abspielen mit Sicherheit erstaunte Gesichter gab.

Die Beatles treten nicht mehr als „yeah, yeah, yeah"-Gruppe auf. Die das gewohnt waren, müssen sich jetzt ein Streicherensemble anhören. Geigen, das kennt man in der Popmusik schon, aber: Hier haben die Geigen nicht die Funktion, einen Bombasto-Sound zu kreieren, wie man das aus „Kitsch-Pop" gewohnt ist. Hier sind sie Lied-tragend. Sie sind Melodie- und Rhythmusinstrumente, das Cello ersetzt den E-Bass. So werden Hörgewohnheiten aufgebrochen, neue Türen geöffnet. Heute – in der Nach-Beatles-Ära – ist das völlig akzeptiert, 1966 war das neu.

Aber auch der Text hat es in sich. Die Themen sind hier: Einsamkeit und Tod. Wie werden in „Eleanor Rigby" diese Themen dargestellt? Auf jeden Fall nicht so, dass jemand traurig zur Gitarre singt „I am so lonely / She is so lonely". Mit einem sehr schönen Kompliment bescheinigt der Schrift-

---

[201] Howard Goodall: „Howard Goodall´s 20th century Greats: The Beatles." BBC, Channel 4, 1971, https://www.youtube.com/watch?v=HbcHG7lL_T4

steller A.S. Byatt dem Text „*the minimalist perfection of a Beckett story*“[202]. Und das geht – wie bei Beckett auf das absolut Notwendige reduziert – so:

Es wird ein tragisches Szenario entworfen, bei dem zwei unglückliche und einsame Charaktere vorgestellt werden: Eleanor Rigby und der Priester Father McKenzie. Die Tragik liegt darin, dass sich beider Wege kreuzen, und so beide Charaktere die Möglichkeit hätten, sich kennenzulernen und vielleicht mit dem jeweils anderen ihre Einsamkeit zu durchbrechen. Diese Chance wird aber nicht wahrgenommen, sondern vertan.

Eleanor Rigby und Father McKenzie treffen sich zweimal, jeweils am gleichen Ort, nämlich an der Kirche: einmal bei einer Hochzeit, zum Schluss bei einem Begräbnis. Dabei steht zu Anfang die Kirche ironischerweise als Symbol für die innige Verbindung zweier Menschen, als Ort der Freude und des Feierns – es hat eine Hochzeit stattgefunden, natürlich unter der Leitung von Father McKenzie und im Beisein von Eleanor Rigby. (Unausgesprochen, im Fall des Father McKenzie.)

Die Hochzeit selbst wird nicht explizit beschrieben (*the minimalist ... story*), sie läuft als Konnotation im Kopf des Hörers ab. Im Liedtext taucht nur auf, was davon übriggeblieben ist: the rice. Doch mit Eleanor Rigby tritt das Element der Trauer ein in dieses an und für sich positive Szenario einer Hochzeit. Trauer und Einsamkeit werden dargestellt durch eine symbolische Handlung: das Bild der Eleanor, die versucht, das, was übriggeblieben ist von der Feier, für sich zu konservieren und so etwas für sich zu retten. Das ist der Reis, den sie einsammelt. Er muss herhalten als Symbol für „Hochzeit“ und all die Träume, die damit verbunden sind.

---

[202] Zitiert nach: TTucker „Analysis: Eleanor Rigby by The Beatles”. In: The Culture Club, December 3, 2009. Auf: http://www.theculturectub.net/2009/12/03/analysis-eleanor-rigby-by-the-beatles/

Alles, was Eleanor behalten kann, ist „tote Materie“ und nicht „the real thing“, so sehr sie sich auch bemüht.

Damit geht Eleanor zurück in die andere Welt, in ihr Zuhause, in die Einsamkeit, in der sie zugleich eine andere Person ist. Sie will sich niemandem anvertrauen und zeigen, wie unglücklich sie ist, deshalb setzt sie bei ihren Ausflügen „in die Welt“ eine Maske, ein anderes Gesicht auf, das sie bei ihrer Rückkehr wieder in ihren Schminktopf ablegt. Hinter ihrer Tür ist Eleanor Rigby dann „faceless“, ein „nothing“.

„*Wearing a face that she keeps in a jar by her door*“ wurde vom “Times Literary Supplement” als beste Nachkriegsmetapher bezeichnet. Ob das so ist, soll jeder selbst entscheiden. Jedenfalls reiht sich diese gelungene Metapher ein in eine Serie schöner Bilder, die einen sehr poetischen Text ausmachen.

Auch Father McKenzie ist ein anderer, wenn er nach Hause kommt. Die Amts- und Respektsperson „Priester“ wird ein armseliger Mensch, dem es peinlich ist, wenn man ihn beim Sockenstopfen sehen würde. Darum macht er diese „niedrige Tätigkeit“ nachts, wenn er sich unbeobachtet fühlt. Sogar die Monotonie der sich wiederholenden Handlungsabläufe beim Stopfen passt in die trostlose Szenerie.[203]

Zwischen diesen Bildern ändert sich die Erzähltechnik, der „point of view“. Der Erzähler nimmt den Hörer praktisch an die Hand und zeigt ihm dieses Szenario und diese Bilder. Beide sitzen im Theater oder wie vor einem Monitor, und der Erzähler fordert uns als Hörer explizit auf: „**Look** at him working!“ Dann tritt er mit dem Hörer in einen Dialog ein, indem er wiederholt die Frage stellt: „Ah, **look** at all the lonely people, **where do they all come from**?“ Bei diesem Dialog ändert sich auch die Aufnahmetechnik. Während das Drama auf der Bühne im breiten Stereoformat in Szene gesetzt wird, findet der Dialog mit dem Hörer im einfachen, privateren Monosound statt.

[203] Übrigens sehr schön visualisiert im Yellow Submarine-Film.

Der Text endet am Anfangsort, der Kirche. So brutal wie die Situation ist (die Protagonisten treffen sich wieder, sind auch wieder durch die Umstände miteinander verbunden, aber aus der Hochzeit vom Anfang ist das Begräbnis der Eleanor Rigby geworden), so brutal ist das letzte Bild: „*Wiping the dirt from his hands as he walks from her grave*". Dieser Priester verrichtet sein Amt gefühllos, er erreicht schon seit langem seine Gemeindemitglieder nicht mehr (*writing a sermon* ***that no one will hear***). Aber das scheint ihn genauso wenig zu kümmern (*what does he care?)* wie der Tod von Eleanor Rigby. Eine menschliche Tragödie wird wie Dreck von den Händen geschüttelt.

Den gelungenen formalen Aufbau dieser Geschichte kann man in einer erneuten Reduktion durch ein Schaubild gut erkennen.

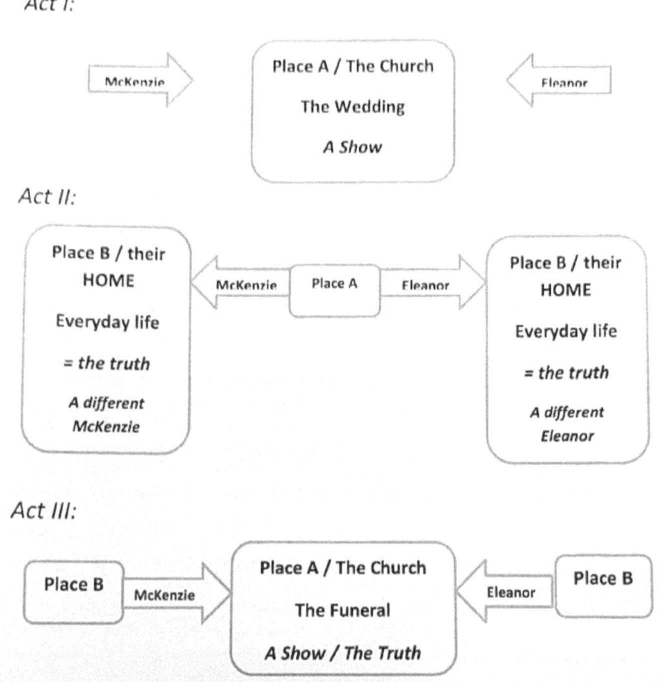

Dieses „minimalist drama“ von 2:08 spielt sich in drei Akten ab. Es gibt nur die zwei Charaktere, die zwar verschieden sind, aber doch das Hauptthema gemeinsam haben. Es gibt drei Schauplätze: die Kirche im 1. und 3. Akt sowie die zwei jeweiligen Zuhause der Protagonisten im Mittelteil. Diese sind unterschiedlich, aber insofern vergleichbar, als sich hier das wahre Gesicht der Charaktere zeigt, wenn sie nicht mehr eine Rolle spielen. Auch der Schauplatz „Kirche“ wandelt sich von einem Ort des Feierns und der Freude (Hoch-Zeit), wenn er sein “zweites Gesicht“ zeigt, und wird ein Platz der Trauer und der „ewigen Einsamkeit“, ohne Trost, wo nichts mehr übrigbleibt: *„was buried along with her name – nobody came“* (Tief-Zeit).

So einfach faktisch und banal endet auch die Musik. Am Ende steht kein großes sentimentales Vibrato, sondern der Akkord wird kurz und funktional zu Ende gebracht. Das war´s. Genial ist dieser „simple“ Schlussakkord dennoch. Er, wie auch andere Elemente der musikalischen Gestaltung, nehmen nämlich das Thema dieses Liedes in mehrfacher Weise auf: Wie Goodall erklärt, ist Eleanor Rigby nicht in einer klassischen Dur- oder Molltonart verfasst, sondern in einem Modus. Diese dorische Tonleiter wurde typischerweise in der Kirchenmusik des frühen Mittelalters verwendet: äußerst passend also für den Schauplatz und Father McKenzy.

Auch das Ende des Songs, die Kadenz, stellt eine für die Poetizität des Textes wichtige Verbindung von Form und Inhalt her. Es handelt sich um eine „plagal cadence“, eine fallende Kadenz, die im Englischen auch „**dying** fall“ genannt wird. Plagal cadences finden sich oft in der Kirchenmusik, wobei ein typisches Beispiel das gesungene Amen ist. Was wäre ein besserer Schluss für Eleanor Rigby als ein unterschwelliges „Amen“?

(89) 29:07 – 29:59 + 31:39 – 34:10

Abracadabra[204]

"Opening with a sharp swipe at Harold Wilson's supertax rate for big earners, it ends half an hour later in a revolutionary mystical soundscape sculpted from LSD and dope, and drenched in technical wizardry the like of which had never been heard before. In between, a dozen of the finest pop songs ever written – including Eleanor Rigby, Good Day Sunshine and Here, There and Everywhere – all wrapped up in a piece of artwork as unexpected and intricate as the music it was created to contain. ... Revolver... not only ... the group's creative summit but arguably pop's greatest achievement."[205]

Es fängt an mit einem Schlag gegen Harold Wilsons Vermögenssteuer für Großverdiener und hört eine halbe Stunde später auf mit einem revolutionären mystischen Lautgebilde, modelliert durch LSD und Dope, durchtränkt mit technischer Hexerei, die noch niemand gehört hatte. Dazwischen ein Dutzend der schönsten Popsongs, die je geschrieben wurden – einschließlich Eleanor Rigby, Good Day Sunshine und Here, There and Everywhere – alles verpackt in einer künstlerischen Hülle so unerwartet und fein wie die Musik, für die sie gestaltet wurde ... Revolver ... nicht nur der kreative Höhepunkt der Gruppe, sondern wohl die größte Leistung der Popgeschichte.

---

[204] Einer der ursprünglich angedachten Titel für Revolver.

[205] Robin Stummer: „Interview: How I drew a pop art masterpiece for the Beatles – a snip at just £50". In: The Observer, 24.06.2016.

Wie konnte es dazu kommen, dass eine Popgruppe in weniger als vier Jahren sich von "She loves you" zu „Eleanor Rigby" entwickelt? Die Antwort ist: Die Beatles nahmen sich jetzt Zeit für eine neue Phase des „Let it in". Der wesentliche Schritt war ihr Entschluss, keine Rock-Band mehr zu sein, sondern Pop-Artists. 1966 hatten die Beatles als Band aufgehört zu existieren. Sie nutzen nun die Zeit nach den Tourneen als schöpferische Pause, um sich von künstlerischen/kulturellen/gesellschaftlichen Ideen inspirieren zu lassen. Und die daraus resultierenden musikalischen Vorstellungen konnten live auf der Bühne nicht mehr realisiert werden. Das Studio wurde fortan zur Bühne für schöpferische Experimente.

(90) 29:07 – 29:59 + 31:39 – 34:10

Im Clip beschreibt George Harrison die Entwicklung einer kleinen vierköpfigen „dancehall band", deren Mitglieder zunächst gar nicht daran gedacht haben, etwas Größeres zu werden. Ringo verweist in anderen Quellen immer darauf, dass es viel Zeit zum Experimentieren brauchte, damit die Band herausfinden konnte, wozu sie im Studio wirklich imstande war. Und John und Paul machten klar, dass *Revolver* die erste Platte ist, auf der „backwards music" zu hören ist – *„before Hendrix, before the Who, before any fucker"*. (Auch vor dem sehr interessierten Zuhörer, der bei 1:15 im folgneden Clip zu sehen ist.) Dabei waren alle diese Effekte „handmade", vor der Erfindung von Synthesizern oder Computern, und daher auf einer Bühne eben nicht reproduzierbar.

(91) ab 1:27

Im *Spiegel* klingt das so:

„Sie erweitern die Formensprache des Pop, wie es niemand vor ihnen gewagt hatte. Und das nicht im Schutzraum ihrer Nische.... Mitten in den Charts lassen sie die gängigen Popformate platzen wie Tischfeuerwerke, die immer neue Luftschlangen in die Gegend schießen.“[206]

Eine neue Inspirationsquelle der Band war die Avantgarde-Musik. George Martin, der selbst kein besonders überzeugter Anhänger dieser Musikrichtung war, konnte aber Verbindungen in solche Kreise herstellen,

“... helping ***the kings of mainstream*** *culture* ***bring avant-garde techniques to the masses*** *(arguably) for the first time in pop music history, with tracks like "Tomorrow Never Knows."*[207]

... um so den Königen des Mainstream zu helfen, zum ersten Mal in der Geschichte der Popmusik die Techniken der Avantgarde Musik den Massen näher zu bringen, mit Tracks wie „Tomorrow Never Knows“.

Die radikalen Vorgehensweisen der Avantgarde-Musik, *Alles* zu Musik zu machen oder für Musik zu erklären und

[206] Philipp Oehmke / Tobias Rapp: “Ein Jahrzehnt für die Ewigkeit“. In: Der Spiegel, 21 / 2010. S. 111.

[207] Ralph Elawani: “Going Underground: Paul McCartney, the Beatles and the UK Counter-Culture Tom O'Dell”. 2013. Auf: https://exclaim.ca/film/article/going_underground_paul_mccartney_beatles_uk_counter-culture-directed_by_tom_odell

dabei gewohnte Kompositions- und Hörmuster zu durchbrechen, faszinierten den Vertreter der weltweit populärsten Band so sehr, dass Paul McCartney Karlheinz Stockhausens Konterfei sogar für das Sgt. Pepper Cover aussuchte. Die Beatles nahmen Ideen der Avantgarde auch deshalb so bereitwillig auf, weil der zugrundeliegende Gedanke ja durchaus überzeugend ist: *„Often the only way to see or hear things afresh, is to do away with the old and traditional".*[208] (Oft ist der einzige Weg, Dinge einmal wieder neu zu hören oder zu sehen, mit dem Alten und Gewohnten radikal zu brechen.)

Die Arbeit mit Loops und Alltagsgeräuschen wurde ergänzt durch das Einfangen des „einmaligen Augenblicks" der Performance, bei der Zufälligkeiten zugelassen und als Kompositionselement bewusst verwendet wurden. Im Goodalls Clip sind das die auf die Klaviersaiten geworfenen Tennisbälle. Die erzeugten Klänge sind so zufällig und jeweils neu. Auf „Revolver" sind das dann die live eingespielten Loops.

(92) 6:36 – 7:18

Auf diese Weise wurden Avantgarde-Klangtechniken wie eben Loops, Oszillationen und andere Manipulationen am Tonband aus einer gesellschaftlichen Nische ins Studio geholt und schließlich massenkompatibel gemacht. Das Studio wird zum *„playground of musical experimentation"*, es entsteht *"art music made for recording only."*[209]

Wenn sie auch die zugrundeliegenden Klangtechniken selbst nicht revolutionierten, so revolutionierten die Beatles doch die Popmusik und die Hörgewohnheiten der Massen. Deshalb muss Klaus Voormann, der Freund aus Hamburg, 45

---

[208] Goodall im oben erwähnten Clip.

[209] Elawani, a.a.O.

Jahre später seinem Interviewpartner das Revolutionäre und die Bedeutung von „Revolver“ erst wieder bewusst machen. Denn heute haben wir uns an diese avantgardistischen Techniken so gewöhnt wie an Renoirs Gesichter mit den blauen Flecken.

Er selbst erkannte den Stellenwert von „Revolver“ sofort:

“I listened to the tracks … and I was so knocked out. The music was so far ahead that you thought “You´re gonna lose all those fans!” … You listen to the LP! Nobody did a thing like that on a POP record!”[210]

Ich habe mir die Tracks angehört … und es hat mich völlig umgehauen. Die Musik war so abgedreht, dass ich dachte: „Ihr verliert alle eure Fans!“ … Hören Sie sich die LP mal an. Niemand hatte so etwas auf einer POP-Platte je gemacht.

Daher fühlte sich Klaus Voormann zu Recht geehrt, als die Beatles ihn fragten, ob er nicht die Hülle für das neue Album gestalten wolle. Auf das Ergebnis kann er mächtig stolz sein – es ist wie die Platte ein Meilenstein in der Geschichte des Pop. Als Auszeichnung dafür bekam er 1967 dann auch den Grammy für das beste Album-Cover.

“I knew they wanted something avant-garde … so I said „black and white – that´s it”. … He (=Brian Epstein) came up to me and said ‘Klaus, you gapped the bridge (= you bridged the gap :) *between the music and the public. The cover is perfect, and now I believe that the public*

Ich wusste, dass sie etwas Avantgarde-Mäßiges wollten … deshalb sagte ich mir: „Schwarz-weiß, das ist es“. Brian Epstein (ihr Manager) kam zu mir und sagte: „Klaus, du hast die Kluft zwischen der Musik und dem Publikum überbrückt. Das Cover ist perfekt, und jetzt glaube ich, dass

[210] Klaus Voormann im Gespräch mit Paul Morley vom *Guardian*. 24.06.2011, https://www.youtube.com/watch?v=OqYl_Qs4wzQ

will accept this music.'"[211]	das Publikum diese Musik akzeptieren wird.“

(93) 6:30 – 10:41

(94) Das Cover

Dass es eines Brückenschlages bedurfte zwischen den radikalen Ideen dieser Musik und den Zuhörern, wird neben „Eleanor Rigby“ und „I´m only sleeping“ besonders am Beispiel von „Tomorrow never knows“ klar, dem letzten Stück auf diesem Album, *„arguably the opening salvo in the British (possibly global) psychedelic movement.“*[212] (Wahrscheinlich der Startschuss für die britische psychedelische Bewegung (und vielleicht weltweit).)

Der fremdartige, neuartige Sound wird bestimmt durch fünf „radical ideas“ – wie Goodall sie nennt. Da ist zunächst die Idee, die Erfahrungen eines LSD-Trips zum Thema eines Liedes zu machen. „Radical idea number two“ ist für Goodall die Entscheidung, den Songtext aus Versatzstücken des „Tibetan book of the dead“ zu formen. Daher ist der Song auch sprachlich eine Herausforderung: Er beschreibt die Idee einer Einheit und Verbundenheit aller Dinge, dem Wunsch nach echter Wahrnehmung und wirklicher Erfahrung. So soll das „ozeanische Bewusstsein“ erreicht werden durch Entpersona-

---

211 Voormann und Morley, a.a.O.

212 “Going Underground – PaulMcCartney, The Beatles and the UK counter culture”. DVD-Kommentar Rückseite

lisierung und Ich-Verlust: „*Turn off your mind – surrender to the void*".

Die semantisch oft „unsinnig" erscheinenden Zeilen spiegeln nicht nur einen Mangel an Vertrauen in die Sprache wider, die durch den abgenutzten Gebrauch im Alltag nicht mehr in der Lage ist, bedeutsame Wahrheiten und Erfahrungen angemessen auszudrücken, sie zeigen auch die Auflösung „normaler" Sinneswahrnehmungen (= „*listen to the colour of your dreams*").

Diese andere Wahrnehmung von Welt wurde natürlich nicht nur ermöglicht durch die Auseinandersetzung mit Kunst und Kultur, sondern auch durch die Einnahme von bewusstseins-verändernden Substanzen wie LSD. Den Beatles war durchaus Huxleys Buch „The Doors of Perception / Die Pforten der Wahrnehmung" bekannt, in dem er seine eigenen Erfahrungen mit Meskalin beschrieb und einen Zusammenhang mit fernöstlichen religiösen Gedanken sah. Deshalb ist auch Huxley auf dem Sgt. Pepper Cover vertreten. Grundlage für den Text von „Tomorrow Never Knows" war jedoch nach Lennons eigener Aussage „The Tibetan Book of the Dead" von „hip psycho guru" Timothy Leary.

Die Beatles selbst lernten Transzendentale Meditation beim Maharishi Yogi kennen und damit eine Art, sich der Leere zu überlassen (= „*surrender to the void*"), um in einer Transzendenzerfahrung das „klare Licht" zu sehen (= „*it is shining*") und sich so auf eine umfassendere Wirklichkeit, ein tieferes Bewusstsein oder eine tiefere Bedeutung einzulassen (= "*the meaning of within*").

Eine weitere Komponente dieser fernöstlichen Ideen ist die Auffassung, dass das, was auf einer Ebene als unbeabsichtigt, unbewusst und ziellos erscheint (meditieren/träumen: „*lying there and staring at the ceiling*"), nicht etwa weniger wertvoll ist und sich nicht fundamental von dem unterscheidet, was bewusst und zielgerichtet ist (unsere Alltagsbeschäftigungen: „*running everywhere at such a speed*“[213]). Dadurch erklärt sich die Gleichberechtigung durchdachter kompositorischer Elemente einerseits und live eingespielter Loops, zufälliger Radiofetzen und rückwärts eingespielter Instrumente andererseits[214].

„Radical idea number three“ ist die Fusion von indischen Musikelementen mit solchen des westlichen Pop. Der Einfluss der indischen Musik wird offensichtlich nicht nur durch Elemente der Instrumentierung (Sitar, Tambura), sondern auch in dem durchgängigen, eintönigen C-Akkord.

Durch den als Fundament unterlegten statischen Bordunklang von Bass, Tambura und Sitar sollte ... eine Art kosmischer Grundton aufsteigen, in dem das Universum nachhallt ... Der ganze westliche Fortschrittsglaube, der Entwicklungsfetisch der Moderne wird hier mit einem einzigen singenden Sound konterkariert: Denn Bordunmusik kennt keine Akkordentwicklung, keine harmonische Fortschreitungen. Sie symbolisiert stattdessen die ruhige Wiederkehr des ewig Gleichen.[215]

Genauso wichtig wie die kompositorischen sind aber auch die aufnahmetechnischen Innovationen, die „radical ideas number 4 and 5“: Der durch verschiedene Methoden verfremdete Drum-Sound evoziert „*the image of a cosmic tabla played by a Vedic deity riding in a stormcloud*“[216]. Entscheidend dafür, dass Kritiker zu solchen Äußerungen verleitet werden, sind vor allem die Loops. Diese hatte McCartney sich abgeschaut bei den “Kollegen” der musique concrète von Stock-

---

[213] Beides Zeilen aus „I´m Only Sleeping“

[214] Ansätze dazu finden sich schon beim Rückkoppelungseffekt von „I Feel Fine“. Ausgeweitet wurde die Methode durch den Einbezug von Alltagsgeräuschen als melodietragende Kompositionselemente in „Mr. Kite“ auf Sgt. Pepper.

[215] Peter Kemper: The Beatles. Reclam, 2007. S.83/84.

[216] Macdonald, p.152. Der Ausspruch könnte auch typisch Lennon sein, wenn dieser George Martin seine Produktionsvorstellung beschreibt: „Das Bild einer kosmischen Tabla, die gespielt wird von einer Göttin, die auf einer Sturmwolke reitet“.

hausen und anderen. Ihr Einsatz in der Popmusik war unerhört (im wahrsten Sinne des Wortes). In „Tomorrow Never Knows“ finden sich davon fünf von den Beatles selbst produzierte: 1) Pauls Lachen (oft beschrieben als „the seagulls“), 2) ein Orchesterausschnitt, 3) ein Mellotron-Flötenklang, 4) ein Mellotron-Streicherklang und 5) eine Sitarsequenz. Diese arbeiten zum Teil rhythmisch entgegengesetzt und tauchen wie zufällig, ungeplant auf.[217]

(95) 41:40 – 45:34

The soundscape of Tomorrow Never Knows is a riveting blend of anarchy and awe ... The Beatles had initiated a second pop revolution – one which, while galvanising their existing rivals[218] and inspiring many new ones, left all of them far behind.[219]

Das Klanggebilde von *Tomorrow Never Knows* ist eine fesselnde Mischung aus Anarchie und Ehrfurcht ... Die Beatles hatten eine zweite Pop-Revolution gestartet, womit sie einige ihrer schon vorhandenen Rivalen anspornten und zugleich eine Inspirationsquelle für neue waren, aber alle weit hinter sich ließen.

Die Bedeutung dieser Kompositionstechniken und damit die Bedeutung der Beatles als Band für die Entwicklung der Popmusik beschreibt Douglas King in seiner Besprechung des Films „Going Underground“ so:

---

[217] Siehe Macdonald, p.152

[218] Die musikalische Größe von „Revolver“ und „Sgt. Pepper“ ließ Brian Wilson von den Beach Boys buchstäblich verstummen und versetzte ihn in eine psychische Krise. Bis dahin standen er und besonders McCartney in einer sich gegenseitigen befruchtenden Konkurrenz. McCartney verweist oft darauf, wie wichtig „Pet Sounds“ als Inspirationsquelle war.

[219] Macdonald, pp.152/153

"The film convincingly argues that it was Paul McCartney whose interest in the underground art scene greatly influenced the group's increasingly psychedelic and eclectic music, bringing avant-garde ideas to the musical mainstream and changing pop music forever."[220]

Der Film bringt überzeugende Argumente dafür, dass es Paul McCartney war, dessen Interesse an der Kunst der Untergrundszene die immer psychedelischer und eklektisch werdende Musik dieser Gruppe (= Beatles) maßgeblich beeeinflusst hat und so Avantgarde Ideen in den musikalischen Mainstream brachte und damit Popmusik für immer veränderte.

Die Mischung von Komponenten der Avantgarde-Musik mit Elementen indischer und traditioneller westlicher Musik vereinten die Beatles zu einem Werk, das solche neue Hörerfahrungen einer breiten Masse zugänglich machte. Goodall sieht das als das größte Verdienst der Beatles an. Denn zu dieser Zeit schienen die Konzepte der neuen klassischen Musik (= Avantgarde) mit dem Musikverständnis der Mehrheit der Musikliebhaber unvereinbar.

Genauso sah es Leonard Bernstein:

SPIEGEL: Sie glauben also, dass die modernen Musik-Konsumenten keinerlei Verhältnis zur modernen Musik haben?

BERNSTEIN: O doch -- zur Unterhaltungsmusik ..... wissen Sie, welche moderne Musik in letzter Zeit den tiefsten Eindruck auf mich machte? Die Beatles-Schallplatte "Revolver"...... Da ist doch noch ungebrochene Vitalität. Das ist doch amüsanter als alles, was die Komponisten der sogenannten Avantgarde heute schreiben. Diese ganze elektronische, serielle, aleatorische Musik, all diese notenlosen "Instruktionen" und

[220] Douglas King: "Going Underground: Paul McCartney, the Beatles, and the UK Counter-Culture". Columbia, 2013. https://www.libraryjournal.com/?reviewDetail=going-underground-paul-mccartney-the-beatles-and-the-uk-counter-culture

Manipulationen von Geräuschen -- wie muffig und akademisch wirkt das schon. Selbst im Jazz scheint es nicht weiterzugehen. Und die tonale Musik liegt in tiefem Schlummer.[221]

Ähnlich wie bei „Sgt. Pepper" gelingt es den Beatles, aus der Disparität des musikalischen Materials einen zusammenhängenden Höreindruck zu gestalten:

"from the worldly (Taxman) to the deeply personal (For No One), from adolescent sexual joy (Love You To) to a more spiritual kind of love (Here There and Everywhere), and from a child-like wish for togetherness (Yellow Submarine) to the desperate loneliness of old age (Eleonar Rigby)"[222]

von der Beschreibung des Weltlichen (Taxman) zum zutiefst Persönlichen (For No One), von jugendlicher sexueller Freude (Love You To) zu einer eher spirituellen Art von Liebe (Here There and Everywhere), und von einem kindlichen Bedürfnis nach Gemeinschaft (Yellow Submarine) zur verzweifelten Einsamkeit des Alters (Eleanor Rigby).

"The journey that Revolver takes us on is in effect an acceptance and transcendence of death. The lost opportunity for love that leaves us suspended over a spiritual precipice at the demise of Eleanor Rigby ('No one was saved') is finally transformed into something positive with 'To-

Die Reise, auf die uns Revolver mitnimmt, ist eigentlich das Annehmen und die Transzendenz des Todes. Die verlorene Möglichkeit, Liebe zu finden, die uns vor einem spirituellen Abgrund stehen lässt beim Tod der Eleanor Rigby (Niemand wurde erlöst), wird schließlich verwandelt in etwas Positives mit ‚Tomorrow Never Knows'. Indem

[221] Leonard Bernstein. In: "Die Beatles beeindrucken mich". Spiegel-Interview, Der Spiegel, 7 / 1967.

[222] T.Tucker: „The Beatles' Revolver and the Universal". In. The Culture Club, November 28, 2009. http://www.thecultureclub.net/2009/11/28/the-beatles-revolver-and-the-universal/

morrow Never Knows'. By surrendering to that same void, accepting that 'love is all and love is everyone', we reach a state that 'is not living' and 'is not dying' – 'it is believing'."[223]

man sich gerade dieser Leere ergibt und akzeptiert, dass Liebe alles und Liebe jeder ist, erreichen wir einen Zustand, der nicht Leben ist und auch nicht den Tod beschreibt, sondern Glauben.

[223] Tucker, a.a.O.

I´d like to be under the sea - Going underground

Die Verbindungen der Beatles zur “underground culture“ beschränkten sich nicht nur auf die Szene der Avantgarde-Musik. Sie umfassen so umfangreiche Gebiete wie Literatur, Malerei, „Happenings“ und natürlich Drogen.

(96) besonders ab 0:39

Ein Zentrum der Londoner Underground-Szene war der „Indica Bookshop and Gallery“, gegründet von Barry Miles, Peter Asher und John Dunbar (= MAD). Paul McCartney war verlobt mit Peters Schwester Jane und hatte so von Anfang an Kontakt zu diesem Schnittpunkt avantgardistischer Strömungen. (Vor der Eröffnung des Geschäfts mussten die Fenster verhängt werden, denn neugierige Zuschauer hatten entdeckt, dass hier ein Beatle mithalf, die Wände zu streichen und die Regale einzuräumen. Marianne Faithfull musste die Klos putzen, weil das die Männer vergessen hatten.)

Durch die Gallery bekam McCartney Kontakt zum Kunsthändler Robert Frazer, mit dem er nach Paris fuhr, um seine ersten Werke von Magritte zu erwerben.

"We were discovering Magritte in the sixties, just through magazines and things. And

In den 60ern begannen wir, die Werke von Magritte für uns zu entdecken durch Magazine und anderes. Wir mochten einfach seinen Sinn für Humor. Und als

we just loved his sense of humour. And when we heard that he was a very ordinary bloke who used to paint from nine to one o'clock, and with his bowler hat, it became even more intriguing."[224]

wir erfuhren, dass er ein ganz gewöhnlicher Mensch war, der von neun bis eins malte, mit seiner Melone auf dem Kopf, wurde er noch faszinierender für uns.

Aber es ist nicht nur der „sense of humour" in seinen Werken, der die Beatles fasziniert. Als der weiter oben beschriebene „Ingenieur des Unmöglichen" (siehe die Abbildung „La tentative de l´impossible") zeigt er in der Malerei den Weg auf, den die Beatles kompositorisch und sprachlich gehen wollten. Er korrumpiert das gelernte Vertrauen in das Alltägliche und zeigt Wege, die Grenzen der Vernunft zu überdenken und zu verlegen. Es ist eben diese „conspiracy against reality", die Lennon in seiner Rezension zu den Goon Scripts beschreibt.

Als die Beatles ihr eigenes Label gründen und auf der Suche nach dem passenden Logo sind, ist es daher kein Wunder, dass sie auf Magritte zurückgreifen. Eine mögliche Vorlage ist das Magritte-Bild, das „La chambre d´ écoute" (der Hörraum, 1958) heißt, und damit sogar etwas mit Musik zu tun hat.

[224] https://beatlesblogger.com/2011/04/03/apple-moves-to-finally-own-the-original-apple-logo/

Das Apple-Logo

Die Indica Gallery veranstaltete einige der radikalsten Underground Shows und Ausstellungen in London. Dazu gehört der berühmte „14-Hour Technicolour Dream“-Event im Alexandra Palace im April 1966, einer der Anfänge des „summer of love“. Unter den teilnehmenden Acts waren Pink Floyd, Arthur Brown, Soft Machine, Tomorrow, The Pretty Things – und eine japanische Künstlerin mit dem Namen Yoko Ono. John Lennon war bei diesem Event dabei. Etwas später traf er die Künstlerin bei der Eröffnung ihrer Vernissage in der Indica Gallery wieder. And the rest is history, as they say.

Im Indica Bookshop wurde auch die erste britische Untergrundzeitung herausgegeben, IT = International Times. Die Artikel waren eine wilde Mischung aus radikalen politischen Ideen mit Features über Literatur, Drogen und Sex. Doch die Behörden hatten Probleme mit der Underground-Kultur. Die ersten Razzien fanden im Frühjahr 1967 statt, begründet mit Obszönität. Alles, was nicht niet- und nagelfest war, wurde mitgenommen: tonnenweise alte Ausgaben, frische Druckvorlagen, die gesamte Korrespondenz bis zu den persönlichen Notizen der Mitarbeiter. Normalerweise wäre jedes Unternehmen danach pleite gewesen. Da war es äußerst hilfreich, dass Paul McCartney Londons erste Untergrundzeitung ideell und finanziell unterstützte. Barry Miles erinnert sich an McCartneys Vorschlag, frische Geldquellen anzuzapfen:

"When we were running out of money, I was talking to Paul McCartney about it, and he said, 'Well, you should interview me, then you'll get ads from the record companies.' And I thought, 'Hey, he might be on to something.' So I interviewed him, and then George Harrison, and then the next week Mick Jagger called up, demanding to be interviewed too. And Paul was right, we got ads from the record companies."[225]

Als uns langsam das Geld ausging, sprach ich mit Paul McCartney darüber, und er sagte: „Ihr solltet mich interviewen, dann bekommt ihr Anzeigen von den Plattenfirmen.“ Und ich dachte: „Da könnte etwas dran sein.“ Darauf machte ich ein Interview mit ihm, und dann meldeten sich George Harrison und eine Woche später Mick Jagger, die auch interviewt werden wollten. Und Paul behielt Recht, wir bekamen die Anzeigen der Plattenfirmen.

Eine Titelseite der „International Times“ mit Paul McCartney findet man hier:

(97)

Verbunden mit der Underground-Szene ist das Thema Drogen. Der Einfluss von Drogen auf die Beatles und die Musikszene überhaupt ist nicht zu leugnen. Die ersten Anfänge der „underground scene“ in London waren noch Importe aus den USA. Beim Treffen der Underground-Dichter in der Albert Hall im Juli 1965 dominierten noch Namen wie Allen Ginsbourgh, William Burroughs und Lawrence Ferlinghetti – alles Amerikaner. Die Indica Gallery importierte Publikatio-

[225] Dugald Baird: „How International Times sparked a publishing revolution". Guardian, 17.07.2009.
http://www.theguardian.com/media/organgrinder/2009/jul/17/international-times-underground-newspaper

nen aus der Haight Ashbury Szene in San Francisco, die eine kollektive Bewusstseinserweiterung propagierte, natürlich auch durch den Konsum von Drogen. Und es war Bob Dylan, der die Beatles 1964 zuerst mit Marihuana bekannt gemacht hatte.[226] Mit Erfolg, wie die sich ändernde Herangehensweise an Texte und Musik auf "Rubber Soul" zeigte. Die Songs spiegelten wider, wie Dylan arbeitete und was Dylan rauchte.

George Harrison sprach im Zusammenhang von Drogen immer vom „dental experience", um mit dieser Umschreibung nicht in Verdacht zu geraten, Drogenkonsum in der Folge eines „mental experience" unterstützen zu wollen. Der Ausdruck verweist aber auch auf die unbeabsichtigte erste Einnahme von LSD, die bei ihrem Zahnarzt (**dent**ist) im Frühjahr 1965 erfolgte. John Riley verabreichte George und John die Substanz in einem cup of tea, ohne sie vorher zu informieren.

Bewusst nahmen George, John und Ringo die Droge während eines Aufenthalts in Los Angeles, bei dem die Beatles neben anderen Größen aus dem Rockbusiness auch mit Peter Fonda zusammentrafen. Er war es, der während des Trips ständig *„I know what it´s like to be dead*" wiederholte, ein Satz, der dann Ausgangspunkt für den Song „She Said" auf Revolver wurde.

Bis zum Herbst 1966 war LSD ein legales Medikament in England. Die Behörden hielten es für das Spielzeug einiger weniger hundert exzentrischer Musiker und Künstler. Joe Boyd stellt im Rückblick erstaunt fest:

„for a rebellious, revolutionary moment, the curious thing was how little anger there was … Most of us shared a benign	Es war seltsam, wie für einen rebellischen revolutionären Augenblick lang, es so wenig Ärger gab … Die meisten von uns waren so naiv zu glauben,

[226] Es gibt ein (schreckliches) Video von Bob Dylan und John Lennon, beide völlig stoned, während einer Taxifahrt durch London.

attitude that everyone was fundamentally on our side, or would be as soon as they´d had our experience of love, sex, lights, drugs and music."[227]	dass eigentlich jeder auf unserer Seite war, oder sein würde, sobald man unsere Erfahrungen mit Liebe, Sex Licht, Drogen und Musik geteilt hätte.

Diese Ansicht versucht auch Paul McCartney im folgenden Interview zu vermitteln. Er wünscht sich, dass Leute unvoreingenommen an das Thema herangehen, selbst wenn die Szene von außen betrachtet doch sehr abgedreht und „unnormal" erscheint. Dann würde man erkennen, worum es bei diesem neuen Lebensstil eigentlich geht: ein größtmögliches Maß an persönlicher Freiheit und Vergnügen, etwas, das sich doch jeder wünscht.

(98) Anfang bis 0:39

Aber im Frühjahr 1967 kippte die Stimmung. Das Establishment fühlte sich durch die Bewegung zunehmend bedroht und schlug zurück. Man bemerkte mit Sorge, dass selbst die Beatles als Vorreiter des musikalischen Establishments sich in die Richtung des Undergrounds bewegten. Sie besuchten die angesagten Orte wie den UFO Club, das 14-Hour Technicolour Dream Event und unterstützten die Indica Gallery. An der Single „Strawberry Fields Forever" / „Penny Lane" konnte man erkennen, dass sie die gleichen Substanzen nahmen und sich von denselben Einflüssen inspirieren ließen wie die weniger bekannten Vertreter des Underground.

Obwohl Paul McCartney der letzte Beatle war, der sich entschloss, LSD zu nehmen, äußerte er sich öffentlich als erster zum Thema Drogen. Dabei hat er nebenbei die Verantwor-

[227] Boyd, a.a.O., S.29.

tung der Medien deutlich gemacht, als diese ihm vorwarfen, durch solch ein Interview den Drogenmissbrauch zu begünstigen. Sein Argument: Wenn er gefragt wird, antwortet er aufrichtig. Lieber hätte er gar nichts dazu gesagt, aber er wird auch keine unwahren Statements abgeben. Ob die Medien diese dann verbreiten, müssen sie selbst entscheiden. Wenn sie fürchten, seine Aussagen würden der Gesellschaft schaden, könnten sie solche Äußerungen ja zurückhalten.

(99)

Ein gewollter und zum Teil inszenierter Aufschrei, besonders in der Boulevardpresse, war nach dem Interview unvermeidlich. Weitere Reaktionen des Establishments folgten: Einer der Mitbegründer der IT, John Hopkins, wurde bei einer Razzia festgenommen und zu einer Gefängnisstrafe wegen des Missbrauchs von Cannabis verurteilt. Der Richter bezeichnete ihn als „a pest to society“. Miles organisierte daraufhin eine ganzseitige Anzeige in der Times, die von McCartney finanziert wurde. Die Botschaft der Anzeige: „the law on marijuana is immoral in principle and unworkable in practice". Das Inserat kostete 1.800 Pfund, ungefähr das Doppelte eines durchschnittlichen Jahresgehalts zu dieser Zeit.

ADVERTISEMENT

the law against marijuana is immoral in principle and unworkable in practice

The signatories to this petition suggest to the Home Secretary that he implement a five point programme of cannabis law reform:

1 THE GOVERNMENT SHOULD PERMIT AND ENCOURAGE RESEARCH INTO ALL ASPECTS OF CANNABIS USE, INCLUDING ITS MEDICAL APPLICATIONS.

2 ALLOWING THE SMOKING OF CANNABIS ON PRIVATE PREMISES SHOULD NO LONGER CONSTITUTE AN OFFENCE.

3 CANNABIS SHOULD BE TAKEN OFF THE DANGEROUS DRUGS LIST AND CONTROLLED, RATHER THAN PROHIBITED, BY A NEW *AD HOC* INSTRUMENT.

4 POSSESSION OF CANNABIS SHOULD EITHER BE LEGALLY PERMITTED OR AT MOST BE CONSIDERED A MISDEMEANOUR, PUNISHABLE BY A FINE OF NOT MORE THAN £10 FOR A FIRST OFFENCE AND NOT MORE THAN £25 FOR ANY SUBSEQUENT OFFENCE.

5 ALL PERSONS NOW IMPRISONED FOR POSSESSION OF CANNABIS OR FOR ALLOWING CANNABIS TO BE SMOKED ON PRIVATE PREMISES SHOULD HAVE THEIR SENTENCES COMMUTED.

Jonathan Aitken	Dr. R. D. Laing
Tariq Ali	Dr. Calvin Mark Lee
David Bailey	John Lennon, M.B.E.
Humphry Berkeley	Dr. D. M. Lewis
Anthony Blond	Paul McCartney, M.B.E.
Derek Boshier	David McEwen
Sidney Briskin	Alasdair MacIntyre
Peter Brook	Dr. O. D. Macrae-Gibson
Dr. David Cooper	Tom Maschler
Dr. Francis Crick, F.R.S.	Michael Abdul Malik
David Dimbleby	George Melly
Tom Driberg, M.P.	Dr. Jonathan Miller
Dr. Ian Dunbar	Adrian Mitchell
Brian Epstein	Dr. Ann Mully
Dr. Aaron Esterson	P. H. Nowell-Smith
Peter Fryer	Dr. Christopher Pallis
John Furnival	John Piper
Tony Garnett	Patrick Procktor
Clive Goodwin	John Pudney
Graham Greene	Alastair Reid
dsh	L. Jeffrey Selznick
Richard Hamilton	Nathan Silver
George Harrison, M.B.E.	Tony Smythe
Michael Hastings	Michael Schofield
Dr. J. M. Heaton	Dr. David Stafford-Clark
David Hockney	Richard Starkey, M.B.E.
Jeremy Hornsby	Dr. Anthony Storr
Dr. S. Hutt	Kenneth Tynan
Francis Huxley	Dr. W. Grey Walter
Dr. Brian Inglis	Brian Walden, M.P.
The Revd. Dr. Victor E. S. Kenna, O.B.E.	Michael White
George Kiloh	Pat Williams
Herbert Kretzmer	

DISCLAIMER—Signatures should in no way be taken to imply affiliation to SOMA, or support of its aims or objectives. [illegible]

"All laws which can be violated without doing anyone any injury are laughed at. Nay, so far are they from doing anything to control the desires and passions of man that, on the contrary, they direct and incite men's thoughts toward those very objects; for we always strive toward what is forbidden and desire the things we are not allowed to have. And men of leisure are never deficient in the ingenuity needed to enable them to outwit laws framed to regulate things which cannot be entirely forbidden. . . . He who tries to determine everything by law will foment crime rather than lessen it."—Spinoza

[illegible]

MEDICAL OPINION

[illegible]

[228]

---

[228] http://www.voc-nederland.org/2013/01/rip-steve-abrams-het-cannabisverbod-is-principieel-immoreel-en-praktisch-onwerkbaar/

Hier lohnt es sich, die Unterschriftenliste zu vergrößern, um die Namen deutlicher lesen zu können. Einmal, um darauf hinzuweisen, in welch illustrer Gesellschaft sich die Beatles befanden, und andererseits, um zu erkennen, dass sich keine (weiteren) Pop- oder Musikstars (wie etwa die Rolling Stones) auf dieser Liste wiederfinden.

> Jonathan Aitken, Tariq Ali, David Bailey, Humphrey Berkeley, Anthony Blond, Derek Boshier, Sidney Briskin, Peter Brook, Dr. David Cooper, Dr. Francis Crick, F.R.S., David Dimbleby, Tom Driberg, M.P., Dr. Ian Dunbar, *Brian Epstein*, Dr. Aaron Esterson, Peter Fryer, John Furnival, Tony Garnett, Clive Goodwin, *Graham Greene*, Richard Hamilton, *George Harrison*, M.B.E., Michael Hastings, Dr. J.M. Heaton, *David Hockney*, Jeremy Hornsby, Dr. S. Hutt, Francis Huxley, Dr. Brian Inglis, The Revd. Dr. Victor E.S. Kenna, O.B.E., George Kiloh, Herbert Kretzmer, *Dr. R.D. Laing*, Dr. Calvin Mark Lee, *John Lennon*, M.B.E., Dr. D.M. Lewis, *Paul McCartney*, M.B.E., David McEwen, Alasdair MacIntyre, Dr. O.D. Macrae-Gibson, Tom Mashler, Michael Abul Malik, George Melly, Dr. Jonathan Miller, *Adrian Mitchell*, Dr. Ann Mully, P.H. Nowell-Smith, Dr. Christopher Pallis, John Piper, Patrick Procktor, John Pudney, Alastair Reid, L. Jeffrey Selznick, Nathan Silver, Tony Smythe, Michael Schofield, Dr. David Stafford-Clark, *Richard Starkey*, M.B.E., Dr. Anthony Storr, Kenneth Tynan, Dr. W. Grey Walter, Brian Walden, M.P., Michael White, Pat Williams[229]

Dennoch waren die Rolling Stones neben John Hopkins und dem Kunsthändler Robert Fraser die nächsten Berühmtheiten, die von den Polizeirazzien wegen Drogenmissbrauchs betroffen waren. Die Beatles unterstützten aktiv die Kampagne zur Freilassung der Rolling Stones, als diese wegen des Besitzes von Rauschgift verhaftet wurden.

---

[229] http://www.beatlesbible.com/1967/07/24/the-beatles-call-for-the-legalisation-of-marijuana/

(100) Picture

After Geography - Beatles and Stones[230]

Die Unterstützung der Rolling Stones durch die Beatles beschränkte sich nicht nur auf die erwähnte Unterschriftenaktion in der Times. Sie zeigte sich auch in subtilerer Form durch den Auftritt als „*highly recognisable friends*“[231] auf der nächsten Rolling Stones Single mit dem bezeichnenden Titel „We love you“. Das war aus lizenzrechtlichen Gründen eigentlich unmöglich, aber man hört die Stimmen von John Lennon und Paul McCartney im Duo mit Mick Jagger deutlich heraus. Eine medial gewagte, aber gelungene Form der Solidarität.

Der Song beginnt mit den Schritten eines Gefängniswärters und man hört, wie die Zellentür zugeschlagen wird. Insgesamt ist das Lied eine Danksagung an die Unterstützer und ein Schlag ins Gesicht der Strafverfolgungsbehörden.

(101)

[230] "After Geography" war Ringos Vorschlag zur Namensgebung der LP, die „Revolver“ wurde. Ein ironischer Verweis auf „Aftermath“ von den Stones, das im April 1966 erschienen war. „After Math“ = „nach Mathe“ – „After Geography“ = „nach Erdkunde“.

[231] Chris Welch: "New Singles from the Stones, Monkees, Jimi Hendrix et al". Melody Maker, 19.08.67.

Einige halten den Song auch für die Antwort der Stones auf „All you need is love". „All you need is love" war Englands Beitrag für die erste weltweit ausgestrahlte Live-Fernsehsendung, die am 25. Juni 1967 von mehr als 400 Millionen Zuschauern gesehen wurde. Nach dem Erfolg von Sgt. Pepper zeigte sich hier noch einmal die Macht der Musik im „Summer of Love" und *„confirmed the Beatles´ evangelical role".*[232]

"The times fitted [the Beatles] like a glove. Everyone was getting the feel of the world as a global village – as us, one species. The whole human race was becoming unified ... One of the most heartening things about the Beatles was that they gave expression to a shared sense of celebration around the world, a sense of the same sensibility."[233]

Die Zeitumstände passten den Beatles wie angegossen. Jeder hatte das Gefühl, dass die Welt zum „global village" wurde – für uns, alle gemeinsam. Die ganze Menschheit war dabei, eins zu werden ... Einer der ermutigendsten Aspekte bei den Beatles war, dass sie uns das Gefühl gaben, dass wir auf der ganzen Welt gemeinsam feierten und das Gleiche fühlten.

Diesen "*shared sense of celebration*"[234] sieht man auch während der Aufzeichnung der Sendung. Diesmal sind die Stones bei den Beatles. Unter den Gästen, die im Studio mitsangen und mitklatschten, waren Mick Jagger, Keith Richards, Keith Moon, Eric Clapton, Graham Nash und Marianne Faithfull.

---

[232] Simon Frith: "1967: The Year It All Came Together". In: The History of Rock, 1981. Zitiert im Wikipedia-Eintrag zu "All You Need Is Love", Abschnitt: Social relevance.

[233] Ronald Davies Laing. In: Dylan Jones: The Eighties: One Day, One Decade. London, 2014. S.139.

[234] Siehe dazu auch die Kommentare zum weltweiten Einfluss von Sgt. Pepper im Kapitel „Sit back and let the evening go".

Noch mehr beeindruckt waren die Stones sicherlich bei der Produktion von „A Day in the Life“, die sie ebenfalls miterleben durften. Um den Profimusikern die Steifheit zu nehmen, wurde das Einspielen des Crescendos als Happening gestaltet – mit Verkleidungen (Pappnasen für die Musiker des klassischen Orchesters) und geladenen (Hippie) Gästen. Einer von ihnen: Mick Jagger, den man auf dem Videoclip am Schluss des Kapitels „Sit back and let the evening go“ erkennt.

Überhaupt waren die Beziehungen zwischen den Beatles und den Stones sehr viel besser als die zwischen den Fans der beiden Bands. Schuld daran ist sicher auch das Marketing, durch das die Stones bewusst zu einem Gegenstück der Beatles gestylt wurden. Hier die Braven – da die Bösen.

Der Spaß endete dort, wo nach Meinung der Beatles Grenzen überschritten wurden. So spricht John Lennon im folgenden Interview den Stones das Recht ab, die Beatles zu kritisieren. Der Grund: sie spielen nicht in derselben Liga. Sie sind hervorragende Musiker und Performer, haben sehr gute und sehr erfolgreiche Songs geschrieben. Aber sie haben die Musik nicht in dem Maße innovativ bereichert wie die Beatles. Deshalb erwähnt Leonard Bernstein sie nicht, und Steve Jobbs hätte aus dem Tresor des brennenden Hauses die Beatles Bänder gerettet.

"I was always very respectful about Mick and the Stones, but he said a lot of sort of tarty things about the Beatles, which I am hurt by, because you know, ***I can knock the Beatles, but don't let Mick Jagger knock them*** *... I resent the implication that the Stones are like revolutionaries and*

Ich war Mick und den Stones gegenüber immer sehr respektvoll, aber er hat jede Menge blödes Zeug über die Beatles erzählt, was mich verletzt, denn **ich kann die Beatles runtermachen, aber lass nicht Mick Jagger sie schlecht machen** ... Ich ärgere mich über die Annahme, dass die Stones Revolutionäre wären und die Beatles es nicht waren. Falls es die Stones sind

that the Beatles weren't. If the Stones were or are, the Beatles really were too ... I would like to just list what we did and what the Stones did two months after on every fuckin' album. Every fuckin' thing we did, Mick does exactly the same – he imitates us ... But they are not in the same class, music-wise or power-wise, never were. I never said anything, I always admired them, because I like their funky music and I like their style. I like rock and roll and the direction they took after they got over trying to imitate us ..."[235]

oder waren, dann waren es die Beatles auf jeden Fall auch ... Ich würde gerne mal auflisten, was wir gemacht haben und was die Stones zwei Monate nach jedem verdammten Album gemacht haben. Was auch immer wir gemacht haben, Mick macht das Gleiche – er imitiert uns ... Aber sie spielen und spielten nie in derselben Liga, was die Musik oder die Power betrifft. Ich habe nie etwas gegen sie gesagt, ich habe sie immer bewundert, weil ich ihre funkige Musik mag und ihren Stil. Ich mag Rock ´n Roll und die Richtung, die sie einschlugen, nachdem sie darüber hinweggekommen sind, uns zu imitieren ...

Es sind aber nicht nur die Rolling Stones, die Aufnahmetechniken und Kompositionsmuster der Beatles imitieren. „*Wohin auch ihr Weg führt, das Rudel folgt*", heißt es im „Time Magazine" von 1967.[236] Ein weiterer Meilenstein auf diesem Weg wird „Strawberry Fields Forever".

---

[235] John Lennon im Interview mit dem *Rolling Stone Magazine*, Dezember 1970. Zitiert nach: „Far Out Staff", May 2020. https://faroutmagazine.co.uk/john-lennon-beatles-mick-jagger-rolling-stones-feud/

[236] Vergleiche die folgende Fußnote.

You know I know when it´s a dream

Obwohl es McCartney ist, der die Undereground-Strömungen als erster aufnimmt und mit den Köpfen der Avantgarde am besten verknüpft ist, kann Lennon diese Trends, die er zunächst nur aus zweiter Hand kennt, am radikalsten und gelungensten in Musik umsetzen. Nach „Tommorrow Never Knows“ erscheint die Single “Strawberry Fields / Penny Lane” als Bindeglied zwischen den Alben „Revolver“ und „Sgt. Pepper“.

“It has been three years, one month and two weeks since the Beatles first rocked the U.S. That is about three years, one month and one week longer than many people thought they would last. Yet, despite occasional rumors that they will disband, the boys are still spinning out bestsellers, still at the top of the rock pile.

Es ist jetzt 3 Jahre, 1 Monat und 2 Wochen her, dass die Beatles die USA zum ersten Mal gerockt haben. Das ist ungefähr 3 Jahre, 1 Monat und 1 Woche länger, als ihnen viele Leute gegeben haben. Und trotz gelegentlicher Gerüchte, dass sie sich auflösen würden, produzieren die Jungs Erfolge am laufenden Band, sind immer noch an der Spitze des Rock Business.

But they have changed*. From the first mewings of I Want to Hold Your Hand,* ***the Beatles have developed into the single most***

Aber sie haben sich verändert. Nach den ersten Heulern in “I Want to Hold Your Hand” haben sich die Beatles entwickelt zur kreativsten Macht in der Popmusik. Wohin auch ihr Weg führt,

creative force in pop music. *Wherever they go, the pack follows. And* ***where they have gone in recent months, not even their most ardent supporters would ever have dreamed of.*** *They have bridged the heretofore impassable gap between rock and classical, mixing elements of Bach, Oriental and electronic music with vintage twang* ***to achieve the most compellingly original sounds ever heard in pop music.***

The latest sample of the Beatles' astonishing inventiveness is their new single, Strawberry Fields Forever … full of dissonances and eerie space-age sounds, achieved in part by playing tapes backward and at various speeds. This is nothing new to electronic composers, but employing such methods in a pop song is electrifying."[237]

das Rudel folgt. Und selbst ihre passioniertesten Anhänger hätten im Traum nicht daran gedacht, wohin ihr Weg in den letzten Monaten geführt hat. Sie haben die bisher unüberbrückbar scheinende Kluft zwischen Rock und Klassik überbrückt, indem sie Elemente von Bach, orientalischer und elektronischer Musik mit Vintageklängen verbunden haben, um die spannendsten und originellsten Sounds zu kreieren, die je in der Popmusik gehört wurden.

Das letzte Beispiel ihres erstaunlichen Erfindergeistes ist die neue Single „Strawberry Fields Forever“ … voll von Dissonanzen, unheimlichen Klängen des Weltraumzeitalters, was teilweise dadurch erreicht wird, dass man Bänder rückwärts oder in wechselnden Geschwindigkeiten abspielt. Das ist nichts Neues für Komponisten elektronischer Musik, aber solche Methoden in einem Popsong anzuwenden ist mitreißend.

Hier der Text von „Strawberry Fields Forever“:

---

[237] Ohne Autor: "Show Business: Other noises, other notes". In: Time Magazine, 3.3.67. Auf: http://content.time.com/time/subscriber/article/0,33009,843470,00.html

(102)

Bekanntlich ist Strawberry Fields ein Waisenhaus der Heilsarmee in Liverpool. Das neugotische Gebäude mit dem verwunschenen und verwilderten Garten hat John Lennon schon immer magisch angezogen. In seiner Kindheit war es Rückzugsort für ihn und seine Freunde.

Im Song „Strawberry Fields Forever" geht es dann auch um die Kindheit und das Erwachsenwerden: *It´s getting hard to be someone.* Lennon stellt seine Erinnerungen in den Kontext eines Traums. Es ist ein Trip in sein Innerstes, natürlich auch von seinen Erfahrungen mit der halluzinogenen Droge LSD beeinflusst. Es geht aber auch um die in „I´m only sleeping" beschworenen Trancezustände des Tagträumens und die durch Meditation hervorgerufenen Phasen eines hypnotischen Zustandes der mentalen Entspannung und des herabgefahrenen Bewusstseins.

In diesen Zuständen werden Gedanken und Träume beobachtet, aber nicht rational verfolgt und zu Ende gedacht. Sie führen dazu, die eigene Identität in Frage zu stellen und das Ego aufzulösen: *surrender to the void.* Für diesen Zustand gilt: *Nothing is real* und *Always, no, sometimes think it´s me.* Die Erinnerungen an die Kindheit und die Introspektion sind stellenweise eher traurig. *No one, I think, is in my tree.* Lennon erzählt im Playboy-Interview, dass er als Kind schüchtern war und von Selbstzweifeln geplagt. „*I mean it must be high or low*", er sitzt zu hoch oder zu tief, jedenfalls ist er allein, die anderen können ihn nicht erreichen.

"Nobody seems to be as hip as me is what I was saying. Therefore, I must be crazy or a

Keiner ist so hip wie ich, ist, was ich da sage. Deshalb muss ich entweder verrückt oder ein

genius ... There was something wrong with me, I thought, because I seemed to see things other people didn't see. ... I always was so psychic or intuitive or poetic or whatever you want to call it, that I was always seeing things in a hallucinatory way. It was scary as a child, because there was nobody to relate to ... It was very, very scary ...“[238]

Genie sein ... Ich glaubte, etwas wäre nicht richtig mit mir, weil ich Dinge sah, die andere nicht zu sehen schienen ... Ich war stets so übersinnlich oder intuitiv oder poetisch oder wie du das auch immer nennen willst, dass ich Dinge wie beim Halluzinieren sah. Das war angsteinflößend als Kind, weil ich mich mit keinem darüber austauschen konnte ... Es war sehr, sehr unheimlich ...

Deshalb wurden die Bücher von Lewis Caroll zu seiner Lieblingslektüre, daher der Bezug zu Magritte und dem Surrealismus oder zu Yoko Onos „irrational art“[239] . Hier fand er „Seelenverwandte“. Aber er hat sich mit dieser Situation als Sonderling abgefunden: *But it's all right, that is I think it's not too bad.*

Und es verwundert nicht, dass er die Leitsätze des Timothy Leary oder eines Allen Cohen aus der San-Francisco-Hippiebewegung aufnahm, die besagten, dass die Droge LSD die Erlösung war von den andauernden Identitätskämpfen und Selbstzweifeln. Sie wäscht rein von den hinderlichen Einflüssen der Außenwelt. Denn wenn man dorthin schaut: *misunderstanding all you see.* Dann lieber das Verweilen im Zufluchtsort der Strawberry Fields, wo man seiner Phantasie freien Lauf lassen und sich in die Kindheit ohne Sorgen zurückträumen kann: *Nothing is real and nothing to get hung about.*

Noch hat der Autor sein Selbst nicht dauerhaft erreicht. *Always, no sometimes, think it's me - But you know I know*

[238] David Sheff: „Interview with John Lennon and Yoko Ono”. In: Playboy, September 1980. Auf: http://www.beatlesinterviews.org/dbjypb.int3.html

[239] In der Indica Gallery konnte man ein komplett weißes Schachspiel erwerben oder eine Tonbandaufnahme vom Schneefall in der Dämmerung.

when it's a dream - I think I know I mean a yes - But it's all wrong - That is I think I disagree. Diese "*sensations, too confusing, intense, or personal to articulate*"[240] spiegeln sich auch in der musikalischen Gestaltung des Liedes wider.

Für die Einspielung des Liedes verbrachten die Beatles 55 Stunden im Studio. Insgesamt 26 Takes wurden aufgenommen. Mit keinem war Lennon jedoch wirklich zufrieden. Nach einer Woche des Überlegens wünschte er sich einen Zusammenschnitt aus dem Anfang der ersten Aufnahme mit dem zweiten Teil der letzen. George Martins Einwand: Das ist unmöglich, weil die beiden Bänder in unterschiedlichen Geschwindigkeiten und außerdem einen Halbton höher bzw. tiefer aufgenommen worden waren. Lennon insistierte, er wollte die Teile aus beiden Takes zusammen in einem Lied. Durch stundenlanges Verändern der Geschwindigkeiten und der Antriebswellen der Aufnahmegeräte gelang schließlich diese Operation.[241] Das Resultat führte zu einem außergewöhnlich vagen und träumerischen Timbre in Lennons Stimme, was gut zur Aussage des Liedes passt.

"The music ... shows Lennon at his most somnambulistic, moving uncertainly through thoughts and tones like a momentarily blinded man feeling for something familiar."[242]

Die Musik zeigt Lennon hier in einer höchst schlafwandlerischen Seelenlage, wie er sich unsicher durch Gedanken und Töne tastet, wie jemand, dem die Augen verbunden wurden und der nach etwas Vertrautem sucht.

---

[240] MacDonald, a.a.O., S. 216

[241] Wie bei vielen ungewöhnlichen Aufnahmetricks der Beatles hatte hier Geoff Emerick (1945 - 2018) als leitender Toningenieur einen entscheidenden Einfluss. „He was a great engineer and friend, and even though The Beatles had many great engineers over the years, Geoff was the ONE. He was smart, fun-loving and the genius behind many of the great sounds on our records." (From Paul McCartney's Twitter account, October 3, 2018) https://www.the-paulmccartney-project.com/artist/geoff-emerick/

[242] MacDonald, a.a.O., S.217

Die Soundeffekte sind ein Ergebnis der Methode des „controlled accident“. Es entstehen bei diesen Versuchen unvorhersehbare Resultate. Diese sind zwar „accidental“, sie werden aber nur genutzt, wenn sie zielführend sind für die Vorstellung von dem, was das Lied einmal sein soll. In „Strawberry Fields“ kommen zu der Technik des Varispeeding – einer Manipulation der Bandgeschwindigkeit im Aufzeichnungsgerät – noch der Sound des unwirklich klingenden Mellotrons, rückwärts laufende Schlagzeugpartien und der Einsatz einer indischen Svarmandal, deren exotisches Spiel die Celli imitieren. Auffallend ist auch das Auseinanderdriften von Gesang und Musikbegleitung bei „*I think I know I mean a yes – but it´s all wrong*“. Der Gesang ist fast stammelnd, und auch die Rythmik bei der Musikbegleitung weiß nicht mehr, was falsch und richtig ist. All das erschafft die ungehörten / unerhörten Tongemälde, die ihren Anfang auf „Revolver“ nahmen und auf „Sgt. Pepper“ weitergeführt wurden.

„*Such moods and textures had formerly been the province of classical music ... when George Martin described the recording as 'a complete tone poem – like a modern Debussy', he did so with a certain justification ... The Beatles show that technical shortcomings*[243]*, far*

Die Erschaffung solcher Stimmungen und Klänge war bis dahin der klassischen Musik vorbehalten ... Wenn George Martin die Aufzeichnung als ein „vollkommenes Ton-Gedicht – wie ein moderner Debussy“ bezeichnet, tut er das mit einem gewissen Recht ... Die Beatles beweisen hier, dass technische Unzulänglichkeiten die Vorstel-

[243] Die Beatles hatten keine klassische Ausbildung, sie waren nicht „trained“, konnten keine Noten lesen, wollten sich auch nicht ausbilden lassen, um nicht in traditionelle Kompositionsmuster zu verfallen. Sie waren auch keine Virtuosen auf ihrem Instrument (mit der Ausnahme von McCartney auf dem Bass vielleicht). Dafür hatten sie Phantasie und den Mut, die Ausdrucksformen von Musik zu erweitern.
In den Abbey Road Studios standen nur „alte“ 4-Spur Tonbandgeräte zur Verfügung. In amerikanischen Studios waren mit 8-Spur Geräten die technischen Möglichkeiten erheblich größer.

from constraining the imagination, can let it expand into areas inaccessible to the trained mind … While there are countless contemporary composers qualified to write music hugely more sophisticated in form and technique, few if any are capable of displaying feeling and fantasy so direct, spontaneous, and original."[244]	lungskraft in keiner Weise einschränken, sondern sie expandieren lässt in Bereiche, die dem geschulten Geist unzugänglich sind … Während es unzählige zeitgenössische Komponisten gibt, die dafür qualifiziert sind, eine Musik zu schreiben, die sehr viel anspruchsvoller ist, sind wenige – wenn überhaupt welche – in der Lage, Gefühl und Phantasie so direkt, spontan und originell auszudrücken.

Die für die Spontaneität relevante Methode des „controlled accident" findet man auch beim Song „Being for the Benefit of Mr. Kite". „Accident" war schon das Plakat, das Lennon zufällig während der Dreharbeiten zum Videoclip von „Strawberry Fields" in einem Antiquitätengeschäft gefunden hatte. Lennon konnte den Text fast vollständig übernehmen, um den Zuschauer erneut in eine surreale Traumwelt aus den Kindertagen zu führen, nämlich die des Zirkus.

Hier zeigt sich wieder einmal, dass nicht das Objekt selbst den künstlerischen Wert einer Arbeit ausmacht, sondern die Gestaltung dessen, was man in der Umwelt wahrgenommen hat. Monet hat alles gemalt, von der Kathedrale in Rouen bis zu gewöhnlichen Heuhaufen. Dabei sind seine Bilder der Heuhaufen nicht weniger künstlerisch wertvoll als die der erhabenen Kathedrale. Beide geben Antwort auf die Frage: „Was macht Licht mit einem Gegenstand? Wie verändert sich unsere Wahrnehmung von Welt?"

Für „Mr. Kite" heißt das: Wie stelle ich das Ereignis „Zirkus", diese halbwirkliche Traumwelt, musikalisch (in einem

[244] MacDonald, a.a.O., S.219/220

Popsong) dar? Wie kann ich vorgehen, dass dieses Werk so innovativ ist, dass der Zuhörer Freude und ästhetischen Zugewinn empfindet?

Die Textgrundlage ist durch das Plakat so gut wie vorgegeben. Fast alles aus dem Lied findet sich schon hier: der exotische Name des Zirkus, „Pablo Fanques", der Titel „Being For The Benefit Of Mr. Kite", die „Hendersons" und alle übrigen im Text hervorgehobenen Zitate. Hier zunächst das Plakat:

(103)

Und hier der Text mit den hervorgehobenen Übernahmen aus dem Originalplakat:

For the benefit of Mr. Kite
There will be a show tonight
on trampoline
The **Hendersons** will all be there
Late of Pablo Fanques Fair,
what a scene!

Over men and horses hoops and garters
Lastly through a hogshead of real fire!
In this way **Mr. K.** will **challenge the world!**

The celebrated Mr. K.
Performs his feat on Saturday
at Bishopsgate
...
Messrs. K and H assure the public
Their production will be second to none
And of course Henry t**he Horse** dances a waltz!

The band begins at ten to six
When Mr. K. performs his tricks
without a sound
And Mr. H will demonstrate
Ten **summersets he'll undertake**
on solid ground

Having been some days in preparation
A splendid time is guaranteed for all
And tonight Mr. Kite is topping the bill!

Um die Sprache evokativer und musikalischer zu machen, wurde der neue Text in ein Reimschema a/a/b/c/c/b gefasst. Und um das lautmalerische Potenzial von Sprache voll auszuschöpfen, musste auch das Pferd „Zanthus“ in „Henry the Horse“ umbenannt werden. „*And of course Henry the Horse dances a waltz*“. Diese Zeile enthält neben den drei Binnenreimen verschiedene lautliche Verknüpfungen, die die emotionale Lautebene der Sprache ebenso wichtig werden lässt wie den fast surrealen Inhalt der Bedeutungsebene.

And of course
Henry the horse
Dances a waltz

= (ä – Assonanz)
= = (langes offenes /o/ + End-/s/ Reim)
= (H – Alliteration)
= (i – Assonanz + Binnenreim /änri/ - /änci/)

Das Metrum unterstützt durch seine Betonung diese Parallelismen auf der Lautebene.

„Der Dichter pflückt Wörter aus ihrem herkömmlichen Kontext heraus und setzt sie so zusammen, dass sich einfach interessante Klangreihen ergeben oder ... phantastisch schimmernde Bilder ... Mit dem Vers will er (Lennon) nichts beschreiben, kein Ereignis wiedergeben ... Im Kontext des Songs und seiner surrealen Klangwelt löst Lennons Lyrik eine Phantasiewelt aus ... Artisten und tanzenden Pferden erstehen: Das auratische Bild, das durch den Song entsteht, bereitet uns Vergnügen.“[245]

Eine surreale Klangwelt sollte auch auf musikalischer Ebene erzeugt werden. Bei der Produktion von „Mr Kite“ wollte man eine Soundcollage kreieren, „bei der man das Sägemehl riechen kann“ (so der Wunsch von John Lennon). Der Maxime des „controlled accident“ folgend zerstückelte man Bänder aus dem Soundarchiv der Abbey Road in 3cm lange Abschnitte, warf sie in die Luft und schnitt sie als Zufallsprodukt wieder zusammen, so, wie sie auf dem Boden landeten – auch wenn sie dann zum Teil verkehrtherum, d.h. rückwärts, liefen. Diese 3 cm Schnipsel ähneln den Tennisbällen aus Goodalls Video.

(104) 2:45-3:49

Hier wie dort ist das Resultat „accidental“, es wird bei einem zweiten Versuch nie mehr in dieser Form auftreten. Die Methode wird aber durchaus kontrolliert und bewusst eingesetzt, weil man eben eine Vorstellung von dem hat, was als Klangeindruck erreicht werden soll. Dazu kommen Versatzstücke aus Harmonium, Harmonikas und Dampforgeln, „*ideally complementing Lennon´s dry nasal delivery. Few produc-*

[245] Alexander R. Eodice: “And of Course Henry the Horse Dances the Waltz”: Lennons lyrische Sprachspiele.” In: Bauer, Michael und Steven (Hrsg.): Die Beatles und die Philosophie. Stuttgart, 2010. S.261.

ers have displayed a tenth of the invention shown here.”[246] (die in idealer Weise Lennons trockene nasale Stimme ergänzen. Wenige Produzenten haben auch nur ein Zehntel der Innovationen gezeigt, die man hier sieht.)

(105)

Zu *Strawberry Fields / Penny Lane* erschien auch „*arguably pop´s first video*”.[247] Der Regisseur Peter Goldman war den Beatles von Klaus Voormann empfohlen worden ebenso wie die Location für den Clip, Knole Park in Kent. Es entstand ein Video, in dem nicht synchron zur Musik gesungen wird oder Instrumente gespielt werden. Die avantgardistische Filmästhetik aus schnellen Schnitten, Rückwärtsloops, Großaufnahmen der Gesichter sowie surrealen Farb- und Lichteffekten reflektierte die neue Art der Beatles, Musik zu machen.

(106)

Song und Video waren die perfekte Einstimmung auf den psychedelischen „summer of love“. Die farbenfrohe Hippie-Kleidung, die durch die Aufnahmetechnik erzeugte verschwommene, rauschhafte Stimmung und selbst der Schauplatz stimmten schon einmal. Egan weist im Zusammenhang von „Strawberry Fields“ und „Penny Lane“ auch darauf hin,

---

[246] MacDonald, a.a.O., S.238.

[247] Sean Egan: The Mammoth Book of the Beatles. London, 2009. S. 137.

„that the record was important of its Englishness ... Hitherto, British rockers found it laughable that anybody would want to hear songs whose subjects were locales in their drizzly, grey and backward country."[248]

dass die Platte wichtig war wegen ihres Englisch-Seins ... Bis dahin hätten britische Rocker es für lächerlich gehalten, dass irgendjemand den Wunsch haben könnte, sich Songs anzuhören, deren Schauplatz ihr regnerisches, graues und altmodisches Land wäre.

Durch „Strawbery Fields“ und „Penny Lane“ bekamen die Beatles sogar die Idee, ihr nächstes Album als Ganzes unter ein Thema zu stellen: das Aufwachsen und das Alltagsleben in einer nordenglischen Stadt. Diese Idee eines „Konzeptalbums“ wurde wieder verworfen, als die damit verbundenen Zwänge (auch des intensiven, zielgerichteten Arbeitens :) den Beatles zu lästig wurden. Trotzdem kann man Einflüsse in der letztlich entstanden Fassung von „Sgt. Pepper“ deutlich erkennen.

[248] Egan, a.a.O., S.137

Sit back and let the evening go

"Having given up touring ... we decided we would try to make our next recording something special. As I was flying back from a visit to America, Mal Evans ... and I were having an inflight meal. He asked me to pass the salt and pepper and I misheard it as Seargent Pepper. This set off a train of thought that ended up in me writing a song for a fictitious band, who would be called Sgt. Pepper´s Lonely Hearts Club Band, and who would be alter egos of the Beatles ... This would free us from our normal Beatles thinking and allow us to be more adventurous in our approach to our next recording .... It´s crazy to think that, 50 years later, we are looking back on this project with such fondness and a little bit of amazement

Nachdem wir aufgehört hatten, auf Tourneen zu gehen, beschlossen wir, dass das nächste Album etwas Besonderes sein sollte. Auf einem Flug zurück aus Amerika aßen Mal Evans ... und ich etwas im Flugzeug. Er bat mich, ihm das Salz und den Pfeffer zu reichen, was ich fälschlicherweise als „Sergeant Pepper" verstand. Das setzte einen Gedankenprozess in Gang, an dessen Ende ich ein Lied für eine imaginäre Band schrieb, die Sgt. Pepper´s Lonely Hearts Club Band heißen sollte, und die Alter Egos der Beatles wären ... Das würde uns frei machen von den normalen Beatles-Ideen und uns erlauben, unsere nächste Platte experimentierfreudiger und gewagter anzugehen ... Es ist verrückt, wenn man daran denkt, dass wir 50 Jahre später mit so viel Wertschätzung auf dieses Projekt zurückblicken und mit etwas Verwunde-

at how four guys, a great producer and his engineers could make what turned out to be a lasting piece of art."[249]

rung darüber, wie vier Jungs, ein großartiger Produzent und seine Techniker, etwas auf die Beine stellen konnten, was sich als bleibendes Kunstwerk erweisen sollte.

So blickt Paul McCartney zurück auf „Sgt. Pepper“. Das Album gilt bis heute als Meilenstein der Popmusik: *„Das Beatles-Jahrhundertalbum. Die Musik auf dem Album ‚Sergeant Pepper's Lonely Hearts Club Band‘ - das waren keine Songs mehr. Das waren Kunstwerke. Eine musikalische Bibel.“*[250] Doch schon beim Erscheinen des Albums waren nicht alle zeitgenössischen Kritiken so überschwänglich positiv. In seiner Rezension vom 1. Juni 1967 beschrieb Richard Goldstein unter der Überschrift *„The Notorious ‘Sgt. Pepper’ Pan - We Still Need the Beatles, but ..."*[251] die Platte als aufgesetzt und gekünstelt, auf “hip” gestylt und zusammengewürfelt. Nach der enorm langen Produktionszeit und den Hunderten von Aufnahmestunden sei sie wie ein verhätscheltes Kind, verwöhnt und verdorben.

Als Beispiel verweist Goldstein auf Harrisons „Within you and without you“, *„his latest excursion into curry and karma"*:

“Harrison’s song, “Within You and Without You,” is a good place to begin dissecting “Sergeant Pepper.” Though it is

Harrisons Song ist ein guter Anfang, um „Sgt. Pepper“ auseinanderzunehmen. Obwohl er noch einer der stärksten Titel

[249] Paul McCartney: 50th Anniversary Edition of Sgt. Pepper's Lonely Hearts Club Band. 2017. Booklet, p.7.

[250] Daniel Kaiser: “Sgt. Pepper – Das Beatles-Jahrhundertalbum“. Auf: NDR Geschichte, 26.5.2017. https://www.ndr.de/geschichte/Sgt-Peppers-Das-Jahrhundertalbum,beatles168.html

[251] Richard Goldstein: “The Notorious ‘Sgt. Pepper’ Pan - We Still Need the Beatles, but ...”. In: NYT, 1.6.1967. Auf: http://www.richardgoldsteinonline.com/the-original-sgt-pepper-negative-review.html

among the strongest cuts, its flaws are distressingly typical of the album as a whole. ... Harrison's voice, hovering midway between song and prayer chant, oozes over the melody like melted cheese."

ist, sind seine Schwächen bedauerlicherweise typisch für das Album als Ganzes ... Harrisons Stimme, die irgendwo zwischen Song und Gebetsgesang schwebt, trieft über der Melodie wie geschmolzener Käse.

Goldstein muss zwar zugestehen, dass die Komposition recht gelungen ist:

"On sitar and tamboura, he achieves a remarkable Pop synthesis. Because his raga motifs are not mere embellishments but are imbedded into the very structure of the song, "Within You and Without You" appears seamless. It stretches, but fits."

Mit Sitar und Tambura gelingt ihm eine bemerkenswerte Verbindung im Pop. Und weil seine Ragamelodien nicht bloße Schnörkel sind, sondern in der Struktur des Songs verwurzelt, erscheint „Within You and Without You" wie aus einem Guss. Es zieht sich etwas, sitzt aber wie angegossen.

Was er kritisiert, ist der Text mit seiner einfältigen Aussage:

„What a pity, then, that Harrison's lyrics are dismal and dull. "Love You To" exploded with a passionate sutra quality, but "Within You and Without You" resurrects the very cliches the Beatles helped bury: "With our love/We could save the world/If they only knew." All the minor scales in the Orient wouldn't

Wie schade ist es da, dass Harrisons Text so grässlich und öde ist. „Love You To"[252] ertönte mit der Qualität einer Sutra[253], aber „Within You and Without you" kramt die Klischees wieder hervor, die die Beatles mitgeholfen haben zu begraben: „*With our love/we could save the world/if they only knew*". Alle Halbton-Tonleitern des Orients würden „Within you and Without You"

---

252 Zu finden auf „Revolver".

253 Ein kurzer einprägsamer Lehrsatz in der alten indischen Literatur.

make "Within You and Without You" profound."	nicht tiefgründig machen.

Im Vergleich zu "Revolver" oder der ausgekoppelten Single „Strawberry Fields Forever" kommt Goldstein zu dem Schluss: *„There is nothing beautiful on ´Sergeant Pepper´. Nothing is real and there is nothing to get hung about."*

Bei einer Rezension 50 Jahre später in der derselben Zeitung relativiert der dann verantwortliche Musikkritiker den Goldstein Artikel. Jon Pareles verweist auf den enormen Druck, unter dem die Beatles standen und den sie sich selbst bereitet hatten. Nach „Revolver" waren sie nicht mehr nur die Superstars der Rockszene, sie wurden als Heilsbringer der Avantgarde betrachtet.

Wenn es bei einem Suchenden also um den Sinn des Lebens oder die Antwort auf alle Fragen geht, wie in „The Seeker"[254] von den „Who", gab es drei Möglichkeiten: *„I've looked under chairs, I've looked under tables, I've tried to find the key to fifty million fables - They call me The Seeker. I asked **Bobby Dylan**, I asked **The Beatles**, I asked **Timothy Leary**."* Selbst wenn die Drei in diesem Fall auch nicht helfen konnten, ist der Song doch ein Zeichen für den Rang, den die Beatles (auch unter anderen Bands) einnahmen. Leary selbst pries die Beatles als *„devine Messiahs, the wisest, holiest, most effective avatars the human race has yet produced, prototypes of a new race of laughing freemen."*[255] (Göttliche Heilsbringer, die weisesten, heiligsten und effektivsten Heilsbringer, die die menschliche Rasse hervorgebracht hat, Prototypen einer neuen Rasse fröhlicher freier Menschen.) Das neue Album „Sgt. Pepper" musste deshalb genauso technisch komplex, innovativ und zugleich tiefgründig sein wie zum Beispiel „Revolver". Mehr als 700 Stunden dauerte die Einspielung von „Sgt. Pepper", und die Produktionskosten von 25.000 Pfund waren für die damalige

[254] Pete Townsend / The Who: "The Seeker". 21.3.1970.

[255] MacDonald, a.a.O., S.153.

Zeit extrem hoch[256]. Mit einem halben Jahrhundert Abstand kommentiert Pareles das Ergebnis so:

"It's a good time to free "Sgt. Pepper" from the burden of either forecasting rock's eclectic future or pointing toward a fussy dead end. It doesn't have to be "the most important rock & roll album ever made," as Rolling Stone declared in 2012, or some wrongheaded counter-revolutionary coup against "real" rock 'n' roll. It's somewhere in between, juxtaposing the profound and the merely clever."[257]

Es ist an der Zeit, Sgt. Pepper von der Bürde zu befreien, entweder ein Hinweis auf die zukünftige Aufsplitterung des Rock oder aber Wegweiser in eine mögliche Sackgasse zu sein. Es muss auch nicht „das bedeutendste Rock ´n Roll Album aller Zeiten" sein, zu dem es der Rolling Stone 2012 erklärte, oder ein fehlgeleiteter anti-revolutionärer Coup gegen den wahren Rock ´n Roll. Es ist etwas dazwischen, bei dem sich Tiefgründiges und einfach Cleveres gegenüberstehen.

Wenn auch vielleicht nicht das beste Beatles-Album[258], so ist „Sgt. Pepper" doch das einflussreichste. *"Sgt. Pepper is an experimental classic, a triumph of influence"*[259].

"... its best aspect was ... its impulsiveness, its light-hearted daring, its willing-

... das Beste daran war die Leidenschaftlichkeit, der unbeschwerte Mut, die Bereitschaft, einen ungewohnten Klang auszu-

[256] Das durchschnittliche Jahreseinkommen im Jahr 1967 belief sich auf 891 Pfund.

[257] Jon Pareles: "The Beatles' 'Sgt. Pepper's Lonely Hearts Club Band' at 50: Still Full of Joy and Whimsy". In: New York Times, May 30, 2017. Auf: https://www.nytimes.com/2017/05/30/arts/music/beatles-sgt-peppers-lonely-hearts-club-band-anniver-sary.html?action=click&module=RelatedCoverage&pgtype=Article®ion=Footer

[258] Das ist für mich Revolver.

[259] Pareles, a.a.O.

ness to try the odd sound and the unexpected idea. Listening to "Sgt. Pepper" now, what comes through most immediately is not the pressure the Beatles put on themselves or the musicianly challenges they surmounted. It's the sheer improbability of the whole enterprise, still guaranteed to raise a smile 50 years on."[260]

probieren oder eine unerwartete Idee. Wenn man sich heute „Sgt. Pepper" anhört, ist das, was einem zuerst vermittelt wird, nicht der Druck, dem sich die Beatles selbst ausgesetzt haben, oder die musikalischen Hürden, die sie überwunden haben. Es ist das kaum Vorstellbare des ganzen Unternehmens, was noch 50 Jahre später ein garantiertes Schmunzeln hervorruft.

Jedenfalls hat selten eine Platte so viel Aufsehen erregt. Das fängt beim Cover an und hört mit dem letzten Lied „A Day in the Life“ auf. Viele sehen Sgt. Pepper als psychedelisches Meisterwerk, das auf unnachahmliche Weise den „summer of love“ reflektiert. Vielen ist es als Meilenstein der Popgeschichte in Erinnerung geblieben.

(107) 2:15 – 2:30

Zeitzeugen wie Peter Fonda oder der amerikanische Schriftsteller Langdon Winner erzählen, wie sie auf den Interstate Highways in den USA unterwegs waren und bei jedem Stopp aus irgendeinem Fenster oder an jeder Tankstelle von irgendwo „Sgt. Pepper“ hören konnten. Als ob das Be-

[260] Nicholas Dawidoff: "How the Beatles Wrote 'A Day in the Life'". In: The Atlantic, May 18, 2017. Auf: https://www.theatlantic.com/entertainment/archive/2017/05/how-the-beatles-wrote-a-day-in-the-life/527001/

wusstsein zumindest der jungen Generation wieder eins geworden wäre. (Siehe auch im Clip oben 2:30 bis 2:45.) Es schien für eine kurze Zeit der Traum einer neuen, weltweit durch „love and peace“ verbundenen Gegenkultur wahr zu werden.

Das Albumcover nimmt den Inhalt der Platte in vielerlei Hinsicht vorweg. Zunächst in der Gegenüberstekllung der „alten“ Beatles als schwarzgekleidete Wachsfiguren aus Madame Tussauds („*so recent – yet so distant*“ / so frisch noch – und doch so fern schon)[261] gegenüber den vier „neuen“ Musikern in ihren farbenfrohen psychedelischen Kleidern. Dann in der Auflistung der Einflüsse, die sie verarbeiten, dargestellt durch Figuren der „Sgt. Pepper´s Crowd“ im Hintergrund. Unter vielen anderen: *Edgar Allen Poe*: ein vom Establishment verschmähter Außenseiter und Autor von surrealen phantasievollen Texten; *Karl Heinz Stockhausen*: dessen Einflüsse aus der Avantgarde-Musik auf „Revolver“ und „Sgt. Pepper“ deutlich zu hören sind; *Bob Dylan*: ein Idol aller vier Beatles (s.a. das Kapitel „Serve Yourself“); *Wiliam Buroughs*: ein amerikanischer Autor („Naked Lunch“ – die Manuskriptseiten des Romans wurden in Stücke zerschnitten und zufällig wieder aneinandergereiht – wie die Tonbandschnipsel für „Being for the Benefit of Mr. Kite“), Idol der Beatgeneration, lieh sich teilweise Paul McCartneys Schreibmaschine, wenn er in London war und für die IT arbeitete; *verschiedene indische Gurus*: verkörpern den Einfluss indischer Philosophie und Musik auf die Beatles; *Stan Laurel und Oliver Hardy*: Stellvertreter für die Wichtigkeit von Humor und „Blödsinn“; *Oscar Wilde*: bedeutsames Glied in der Kette englischsprachiger Schriftsteller, berühmt für seine Wortspiele und gesellschaftskritischen Kommödien („The Importance of Being Ernest“), Ire (Nähe zu Liverpool), von der Gesellschaft verstoßen wegen seiner Homosexualität; *Lewis Carrol*: John Lennons

---

[261] Pareles, a.a.O.

Idol seit seiner frühesten Kindheit; sein unbekümmertes Spiel mit Sprache eröffnete neue imaginäre Vorstellungswelten; der Liverpooler *Fußballer Albert Stubbins*: repräsentiert einen wichtigen Teil der nordenglischen Arbeiterkultur und des Lebensgefühls – Fußball, ein Stück Heimat wie Penny Lane oder Strawberry Fields. Weitere Verweise und Inspirationsquellen werden dargestellt durch reale Gegenstände wie die Blumen, die Wasserpfeife, das tragbare Fernsehgerät oder die Puppe mit der ironischen Aufschrift „Welcome the Rolling Stones".

Die Gestaltung des Covers geht zurück auf eine Idee von Paul McCartney, die umgesetzt wurde von den Künstlern Peter Blake und seiner damaligen Frau Jann Haworth in ein einzigartiges Symbol für die Popkultur der 60er Jahre. Zum ersten Mal fand sich ein aufklappbares Cover wie ein Bilderbuch gestaltet, zum ersten Mal waren die Texte der Songs auf der Rückseite abgedruckt. *„The result was a collage bursting with color, texture, intellectual diversity, comedy, tragedy and time compressed."*[262] (Das Resultat war eine Collage, die strotzt vor Farbe, Struktur, intellektueller Vielfalt, Komödien und Tragödien in einer Zeitkapsel.) Es bleibt bis heute (mit Abbey Road) das am meisten kopierte Cover der Popgeschichte.

Die beigelegten Ausschneidebögen aus Pappe befriedigen aber nicht nur eine kindliche Freude am Gestalten und tragen zum Fun-Erlebnis des Projekts bei, das Cover verweist eben auch auf inhaltliche Aspekte von „Sgt. Pepper". Im Gegensatz zu amerikanischen Pop-Produkten setzten die Beatles auf "Inklusion". Für amerikanische Produkte wie zum Beispiel Dylans „The Times They Are A-Changin'" gilt, dass die ältere Generation gemeinhin attackiert und abgelehnt wird. „Sgt. Pepper" ist generationenübergreifend.

---

[262] Lydia Hutchinson: "The Sgt. Pepper's Album Cover: Faces in the Crowd". March 30, 2018. Auf: https://performingsongwriter.com/sgt-peppers-album-cover/

Das sieht man an den ausgewählten Personen der Crowd im Hintergrund, die alle Altersgruppen ansprechen, das gilt aber vor allem auch für die Auswahl und Gestaltung der Songs. Während „Lucy in the Sky“ und „Fixing a Hole“ auf die psychedelischen Trips und die Introspektionen der Hippiegeneration verweisen, zeigt „She´s Leaving Home“ den Generationenkonflikt ohne Verteufelung der Älteren, und „When I´m 64“ malt ein zugleich ironisiertes, aber auch romantisch verklärtes Bild des Älterwerdens. Schon im Eröffnungslied treffen eine traditionelle Brassband und die verzerrte rockige Leadgitarre aufeinander und schaffen so eine Stimmung, in der sich jeder entspannt / gespannt zurücklehnen kann, um dieses Opus der ohne Pausenrillen verbundenen Songs wie eine Symphonie zu genießen.

Atmosphärisch vorbereitet durch die Aufnahme eines imaginären Publikums und Orchesters, das seine Instrumente stimmt, gilt das Motto: „*Sit back and let the evening go!*“. In dem, was dann folgt, verbinden die Beatles Neues mit Genuss, getreu dem aristotelischen Motto des „prodesse et delectare“ als Aufgabe der Kunst. „Delectare“ heißt für sie nicht – wie bei der Avantgarde-Musik – eine größtmögliche Provokation und damit Entfremdung des Publikums, sondern ein gemeinsames Unterhaltungserlebnis, das zwar neue Sichtweisen und Erlebnisse ermöglicht und dadurch einen ästhetischen Nutzen bietet, das man aber trotzdem „einfach so“ genießen kann. Deshalb werden die Zuhörer bei „Sgt. Pepper“ direkt angesprochen und ausdrücklich eingeladen durch einen Compère, der eine mögliche Kluft überbrückt und als Verbindungsglied zwischen Musik und Zuhörer fungiert: „ *Sit back and let the evening go … **We** hope **you** will enjoy the show!*“ Das ist im virtuellen Musiksaal von Sgt. Pepper einfacher und vielleicht mit mehr Genuss verbunden als bei einer realen Aufführung von serieller Musik. Einfacher auch, weil die Zugangswege anders sind: der Verstehensprozess ist weniger intellektuell als intuitiv-emotional.

Es folgt eine „wilde Mischung“ von (damals) innovativen und traditionellen aber für Rockmusik unüblichen Sounds und Texten: Loops und Lewis-Carroll-artige Texte in „Lucy“, Dampforgeln und zufallsgenerierte Schnipsel bei „Mr. Kite“, jazzartige Klarinettenarrangements bei „When I´m 64“, das Streicherensemble von „She´s Leaving Home“, die indischen Instrumente in „Within you and without you“ und als Höhepunkt das orchestral überwältigende „A Day in the Life“.

Leider können wir heute diese Symphonie nicht so hören, wie sie beim Erscheinen im Jahr 1967 geklungen haben muss. All die Innovationen und Aufnahmetricks sind Allgemeingut geworden, absorbiert von nachfolgenden Bands und Plattenproduktionen. So wie wir den Schock kaum noch nachvollziehen, den Monets lila, blaue und orange Heuhaufen ausgelöst haben, obwohl doch Gras grün oder braun ist. Dem Aufschrei von damals steht heute ein eher desinteressiertes Schulterzucken gegenüber, die Provokation und Innovation ist Allgemeingut geworden. Der zeitgenössische Betrachter von „Sgt. Pepper“ kann die Aufregung, die dieses Album einst ausgelöst hat, nicht mehr richtig nachvollziehen. Vielleicht ist ihm die Platte sogar irgendwie fremd geworden.

"A half-century after its release, the Beatles' "Sgt. Pepper's Lonely Hearts Club Band" is a relic of a vanished era. Like a Fabergé egg or a Persian miniature, it speaks of an irretrievable past, when time moved differently, craftsmanship involved bygone tools and art was experienced more rarely and with fewer distractions. It's an analog heirloom that's still resisting oblivion — perhaps because, even in its moment, it was already contemplating a broader sweep of time. The music on "Sgt. Pepper" reached back far before rock as well as out into an unmapped cosmos, while its words ... offered compassion for multiple generations."[263]

Ein halbes Jahrhundert nach seiner Veröffentlichung ist das Beatles-Album „Sgt. Pepper´s Lonely Hearts Club Band" das Relikt einer verschwundenen Zeit. Wie ein Fabergé Ei oder eine persische Miniatur zeugt es von einer unwiederbringlichen Vergangenheit, als die Uhren sich noch anders drehten, die Handwerker altehrwürdige Werkzeuge benutzten und Kunst viel seltener und mit weniger Ablenkungen erlebt wurde. Es ist ein analoges Erbe, das sich dem Vergessen widersetzt – vielleicht deshalb, weil es sogar zu seiner Zeit schon einen größeren Zeitraum ins Auge fasste. Die Musik auf „Sgt. Pepper" reichte bis weit hinter die Anfänge des Rock zurück und hinein in einen noch unerforschten Kosmos, während die Texte ... Mitgefühl für etliche Generationen anboten.

Die im Zitat erwähnten "multiple generations" erkennt man am besten in „She´s Leaving Home". Es handelt sich um die 17-jährige Melanie Coe, deren Geschichte im „Daily Mirror" nachzulesen war. Den Originalartikel findet man auf der Homepage der Nachfolgezeitung „Mirror":

(108)

[263] Pareles, a.a.O.

Professor Wilfrid Mellers ist beeindruckt von der musikalischen Gestaltung dieses Vorfalls. Ihm zufolge wird der inhaltliche Konflikt zwischen „*the hopepul dream of adolescence and the regret of old age*" großartig verkörpert durch den Schlussakkord des Songs.

(109)

Aber auch die sprachliche Gestaltung ist bemerkenswert. Der Text ist eine Beschreibung der Ereignisse und zugleich eine Kommentierung durch die Eltern. „*And this goes on simultaneously*", wie Professor Mellers richtig sagt. Aber nicht nur das. Durch das Sich-Überlappen beider Erzählungen an Stellen, wo Homonyme auftauchen, wird eindringlich gezeigt, warum es zu diesem Konflikt kommt: die Protagonisten reden aneinander vorbei, selbst wenn sie einmal miteinander zu kommunizieren scheinen.

She,... (we gave her most of our lives)
Is leaving (sacrified most of our lives)
Home (we gave her **everything money <u>could</u> BUY**)
Bye, bye.

She (we never thought of ourselves)
Is leaving (never a thought for ourselves)
Home (we **struggled hard all our lives to GET BY**)
She's leaving home, after living alone, for so many years, bye, ***bye.***

She (what did we do that was wrong)
Is Having (we didn't know it was wrong)
Fun *fun is the one thing that* **money <u>CAN'T</u> *BUY***
... ***Bye, bye.***

Kontrastiert wird der emotionale Abschiedsgruß der Tochter „Bye, bye" mit den gleichlautenden Äußerungen „Buy / get by" der Eltern. Beide scheinen an der Oberfläche auf gleicher Wellenlänge zu sein, verstehen sich aber in der Tiefenstruktur überhaupt nicht. Sie sagen das Gleiche, meinen aber grundverschiedene Dinge, haben völlig konträre Vorstellungen vom Leben.

Interessant ist der Versprecher von Prof. Mellers, als er die Äußerungen der Eltern beschreibt: *„We gave her everything money could* ***get***" (00:27). Das sagen sie eben nicht, denn dann wäre das Bild des Sich-Nicht-Verstehens zerstört, das auf der Gleichlautung der Äußerungen bei völlig verschiedenen Wertvorstellungen beruht. So wichtig kann EIN Wort für die Poetizität eines Textes sein.

„The girl who had everything" heißt es in der Überschrift des Daily Mirror vom 27.02.1967. Damit sind materielle Werte gemeint: *„everything money could buy / struggled hard to get by*". Danach streben die Eltern. Dem setzt das Mädchen "Fun" und andere emotionale Werte gegenüber. Diesen Zugangsweg zu ihrer Tochter zu finden gelang den Eltern nicht. Sie haben nicht verstanden, dass Freude und Glück für Geld und „gute Worte" nicht zu haben sind.

Was den Eltern in den Mund gelegt wird, sind typische Floskeln, wie sie Lennon auch von seiner Tante Mimi kannte und die schon in „Serve yourself" zu hören waren. Sie klingen hohl, werden im Lied aber nicht verhöhnt. John Higgs schreibt über den Song in seinem Artikel unter der bemerkenswerten Überschrift *„Sgt Pepper at 50: How the Beatles masterpiece could unite Brexit Britain*":

"It deals with the 60s generation gap ... but the uncomprehending older generation is still portrayed with compassion and understanding. When other bands of the era	Es geht auch um den Generationenkonflikt der 60er ... aber die verständnislose ältere Generation wird immer noch mit Nachsicht und Mitgefühl geschildert. Während andere Bands der Zeit

were just parroting the slogan, the Beatles understood the psychedelic lesson that we are all one."[264]

den Slogan schlicht nachplapperten, haben die Beatles die psychedelische Lektion, dass wir alle Eins sind, verstanden.

Die elterlichen Floskeln passen auch perfekt in die Liverpooler Englishness des ganzen Albums. Dazu gehören: das auf dem englischen Schriftsteller Lewis Caroll basierende „Lucy in the Sky", die aus den nordenglischen Bergmannskapellen hervorgegangene Brass Band[265] im rockigen Intro und der Reprise, die Ferienidylle auf der Isle of Wight in „64" (*if it´s not too dear :)*, der Alltagstrott inklusive des Vorabendprogramms von „Meet the Wife" in „Good Morning" , die Einladung *„to take some tea"* in „Lovely Rita" und „A Day in the Life" mit seinen Verweisen auf Lancashire, die Albert Hall und Richard Lesters Film „How I Won the War". Wenn man dann noch bedenkt, dass die beiden Songs „Strawberry Fields" und „Penny Lane" mit ihren Bezügen zu real existierenden Orten für dieses Album gedacht waren, ist die „Englishness" offenkundig.

In dieser Ansammlung von Referenzen sieht John Higgs eine Verbindung zu Geoffrey Chaucers „Canterbury Tales"[266]:

"The songs on Sgt Pepper are predominantly vignettes about ordinary people, performed in wildly different musical styles. In this, the album has more in common with the first great work of

Die Songs auf „Sgt. Pepper" sind meist Episoden über ganz gewöhnliche Leute, in wahnsinnig unterschiedlichen Stilrichtungen dargestellt. In diesem Sinne hat dieses Album mehr gemein mit dem ersten großen Werk britischer Kultur, Chaucers „Canter-

---

[264] John Higgs: „Sgt Pepper at 50: How the Beatles masterpiece could unite Brexit Britain". In: The Guardian, 31.05.2017. Auf: https://www.theguardian.com/music/musicblog/2017/may/31/sgt-pepper-at-50-could-the-beatles-masterpiece-unite-brexit-britain

[265] Siehe dazu den Film „Brassed Off" (deutsch: „Mit Pauken und Trompeten"). Regie: Mark Herman, GB 1996.

[266] Diese Erzählungen aus dem 14. Jhdt. gelten als grundlegendes Werk der englischen Literatur.

British culture, Chaucer's Canterbury Tales, than it does with much of American psychedelia. Canterbury Tales is also a series of stories told in a wide range of styles, from a courtly romance to a bawdy yarn. The people in the stories range from a knight and prioress to a cook and miller. Chaucer's inclusion of all aspects of medieval British society transformed Canterbury Tales from a miscellaneous collection into a portrait of England. ... Like the songs on Sgt Pepper, the stories in Canterbury Tales have more impact together than they do apart. ... Like Chaucer's stories and Sgt Pepper's songs, they are more than the sum of their parts[267]. *... The result is an unashamedly British album. When the Beatles took acid and looked within themselves, they saw they were part of the communities, music, culture, landscape and jokes that had nur-*

bury Tales", als mit der psychedelischen Bewegung in Amerika. Die Canterbury Tales sind auch eine Reihe von Geschichten, die in einer großen Breite von vielfältigen Stilrichtungen erzählt werden: von höfischen Romanzen bis zu unzüchtigen Fabeleien. Die Charaktere reichen vom Ritter und der Ordensfrau bis zum Koch und Müller. Chaucers Einbezug aller Aspekte der mittelalterlichen britischen Gesellschaft verwandelten die Canterbury Tales von einer zufälligen Mischung in ein wahres Portrait Englands ... Wie die Songs auf Sgt. Pepper erzeugen die Geschichten in den Canterbury Tales mehr Wirkung in ihrer Gesamtheit, als wenn man sie einzeln nimmt ... Wie für Chaucers Geschichten gilt auch für die Sgt. Pepper Songs: Das Resultat ist mehr als die Summe seiner Einzelteile ... Das Ergebnis ist ein unverholen britisches Album Album. Als die Beatles LSD nahmen und in sich schauten, sahen sie, dass sie Teil der Gesellschaft, Musik, Kultur, Landschaft und des Humors waren, die sie genährt hatten.

[267] Vielleicht auch deshalb gibt es keine Pausenrillen zwischen den Songs. Jedenfalls erzeugt das Abspielen „in einem Rutsch" ein symphonisches Ganzheitserlebnis und einen homogenen Höreindruck, was für das von Paul McCartney hochgelobte Album „Pet Sounds" der Beach Boys nicht gilt. Hier wirken Einzelideen, aber nicht das Werk in seiner Gesamtheit.

tured them." [268]

Ein Kommentar von der anderen Seite des Atlantiks bestätigt diese Aussage, weist aber gleichzeitig auf den gesellschaftskritischen Aspekt hin, der diese Songs nicht einfach abbildend, sondern auch kritisch kommentierend erscheinen lässt.

„The England that ... (they) knew as a boy shaped ... the ... Beatles by giving them a cultural heritage from which they could borrow what was useful. They could rebel against the rest. ... Then, they took all of that tradition and turned it on its head, helping to change the cultural and social scenes in both Britain and the world." [269]	Das England, das sie von Kindheit an kannten, formte die Beatles, indem es ihnen ein kulturelles Erbe übermittelte, von dem sie entlehnen konnten, was ihnen nützlich erschien. Gegen den Rest konnten sie aufbegehren. ... Sie bedienten sich und stellten dann all diese Traditionen auf den Kopf und trugen so dazu bei, die kulturelle und gesellschaftliche Szene in England und der ganzen Welt zu verändern.

„Then, they took all of that tradition and turned it on its head", sagt Michael Shelden. Wie die klassischen Dampforgeln buchstäblich auf den Kopf gestellt wurden, hat man im Arrangement zu „Mr. Kite" gesehen, wo die Tonbandschnipsel in die Luft geworfen wurden, „auf dem Kopf" landeten und so wieder zusammengefügt wurden. Die Aussage im oben zitierten Artikel über „Sgt. Pepper at 50", dass sich aus einer wie zufällig wirkenden Mischung einzelner Geschichten ein faszinierendes Abbild der englischen Gesellschaft ergibt, lässt sich sehr schön am letzten Song auf diesem Album belegen. „A

[268] Higgs, a.a.O.

[269] Micheal Shelden: England, the 1960s, and the Triumph of the Beatles. Course Guidebook. Chantilly, VA., 2020. S.112. Auf: https://secureimages.teach12.com/CourseGuideBooks/DG30110_2H3V1D.pdf

Day in the Life“ ist so etwas wie eine komprimierte Gesamtschau der gesamten Platte. Wenn Higgs auf die Episoden über ganz gewöhnliche Menschen in den Canterbury Tales verweist, findet dies seine Entsprechung in den Schaulustigen des Autounfalls, den Kinogängern, der Beschreibung der banalen Morgentoilette, bevor man den Bus zur Arbeit oder zur Schule erreicht, oder in der morgendlichen Zeitungslektüre. Die Charaktere reichen vom Oberhausmitglied zum „einfachen Mann auf der Straße“ und zeigen so ein Abbild der britischen Gesellschaft.

Das Resultat ist mehr als die Summe seiner Einzelteile, weil der Song ja aus zwei ursprünglich eigenständigen Liedern zusammengesetzt ist: John Lennons Grundidee und Paul McCartneys Mittelteil. Michael Sheldens Bemerkung *„Sie bedienten sich und stellten dann all diese Traditionen auf den Kopf“* findet man auch in der Rolle des Orchesters wieder, das diese zwei Teile zusammenfügt. Wenn weiter unter die Komposition von „A Day in the Life“ näher beschrieben wird, kann man sehen, wie die Orchestermusiker mit unkonventionellen Mitteln dazu gebracht werden müssen, einen Klang zu erschaffen, der ihnen im Rahmen des vorgegebenen E-Dur Akkords völlige Freiheit lässt. So wird auch hier nicht mehr „traditionell“ gearbeitet.

„It was a high-meets-low affair .... It was a big production to buttress the song's big themes, and the inventive sound produced by the classicists for the rockers improved the reputations of both. They were all making music for the Everyman.“[270]

Es war eine Sache von „die da oben“ treffen „die da unten“ ... Es war eine aufwändige Produktion, um die großen Themen in diesem Song zu untermauern, und der innovative Sound, der von den Klassikern für die Rocker erzeugt wurde, stärkte die Reputation beider. Sie machten alle zusammen Musik für den Jedermann.

[270] Davidoff a.a.O.

Dieser Song ist auch dafür verantwortlich, dass selbst der zu Anfang des Kapitels zitierte kritische Goldstein in der Überschrift seiner Rezension einräumen muss: „*We still need the Beatles*“.

„*With one important exception, “Sergeant Pepper” is precious but devoid of gems. “A Day in the Life” ... has nothing to do with posturing or put-on. It is a deadly earnest excursion in emotive music with a chilling lyric. Its orchestration is dissonant but sparse, and its mood is not whimsical nostalgia but irony ... With it, the Beatles have produced a glimpse of modern city life that is terrifying. It stands as one of the most important Lennon-McCartney compositions, and it is a historic Pop event.*[271]

Mit einer bedeutenden Ausnahme ist „Sgt. Pepper“ preziös aber ohne Glanzpunkte. „A Day in the Life“ ... hat nichts von „so tun, als ob“ oder etwas Aufgesetztem. Es ist ein todernster Ausflug in eine bewegende Musik mit einem Text, der einem das Mark erfrieren lässt. Seine Orchestrierung ist dissonant, aber sparsam, und die erzeugte Stimmung ist nicht launenhafte Nostalgie, sondern Sarkasmus ... Damit haben die Beatles einen Blick auf das moderne Stadtleben geschaffen, der erschreckend ist. Es ragt heraus als eine der bedeutendsten Lennon-McCartney Kompositionen und ist ein historisches Ereignis in der Geschichte des Pop.

Hier der Text:

(110)

[271] Richard Goldstein, zitiert in: "The Original Review of 'Sgt. Pepper's Lonely Hearts Club Band'". New York Times, 01.06.2017. Auf: https://www.nytimes.com/2017/06/01/arts/music/archives-beatles-sgt-peppers-lonely-hearts-club-band-review.html

Das Lied reißt die Zuhörer heraus aus dem gewohnten Alltagsleben und nimmt sie mit auf einen Trip, der einem distanzierten Betrachter in exemplarischen Bildern und mit deprimierenden Nachrichtenschnipseln die Sinnlosigkeit der „realen Welt" aufzeigt. Diese schneidet jedenfalls nicht gut ab im Vergleich zur reflektierenden Tatenlosigkeit der Meditation oder von rauschhaften Bewusstseinszuständen. Der provokative Einbezug des Slogans „*I´d like to turn you on*" hat einen genauso offensichtlichen Drogenbezug wie die Initialen von „Lucy in the Sky with Diamonds", kann aber auch verstanden werden als Weckruf zum meditativen Rückzug aus einer als „normal" angesehenen Anschauungshaltung. Vielleicht sieht die Realität wirklich ganz anders aus, als es nach außen hin scheint.

Jere O'Neill Surber geht so weit zu behaupten:

„Die Beatles spielten, aufgrund ihrer ungeheuren Popularität und durch ihr umfangreiches Werk, eine bedeutsame Rolle bei der Herausbildung eines „kritischen Bewusstseins", von dessen Warte aus das „Normalbewusstsein" der instrumentellen Vernunft als irrational und letztlich als ethisch verwerflich erschien."[272]

Dabei wird das Beispiel des unmoralischen Vietnamkrieges nicht direkt angesprochen, aber die Kriegsthematik findet sich wieder im indirekten Verweis auf Richard Lesters „How I Won the War"[273], dessen Drehbuch John Lennon natürlich kannte, weil er seine Rolle für diesen Film lernen musste („*I read the book*").

In diesem grotesken Anti-Kriegsfilm werden absurde Spielszenen mit historischen Originalaufnahmen von Kriegsschauplätzen verbunden. So kommt es vor, dass man noch

---

[272] Jere O'Neill Surber: " 'I´d Love to Turn You On': Die Beatles und die Ethik der Bewusstseinserweiterug. In: Baur, M./ Baur, St (Hrsg.): Die Beatles und die Philosophie. Stuttgart, 2010. S. 167/168.

[273] "How I Won the War". Regie: Richard Lester; GB 1967.

über die Albernheiten bei der Anlage eines Cricketfeldes hinter den feindlichen Linien in Nordafrika lacht, während in der nächsten Szene die Leichen der gefallenen Soldaten am Strand von Dünkirchen zu sehen sind. Die im Film erschossenen Kameraden spielen weiterhin mit als dann einfarbige grüne oder rosa Figuren. Auch Musketeer Gripweed / John Lennon ist zum Schluss nur noch ein blaues Männchen. Die Reaktion der Zuschauer ist nicht verwunderlich: „*A crowd of people turned away*". Ein amerikanischer Kommentar beschreibt zwei Phänomene, warum sich potentielle Betrachter abwenden:

"*George Bernard Shaw once wrote that England and America are two countries separated by a common language. Nowhere is that more apparent than here in 'How I Won the War'. The accents are so thick and the humor so uniquely British that even when I could understand it I couldn't understand it.*"[274]

George Bernard Shaw hat einmal England und Amerika beschrieben als zwei Länder, die durch eine gemeinsame Sprache getrennt sind. Nirgenwo wird das offensichtlicher als hier in „Wie ich den Krieg gewann". Die Akzente sind so breit und der Humor so typisch britisch, dass – selbst, als ich es verstanden hatte – es nicht verstehen konnte.

Dabei ist der Film nur *ein* Beispiel im Kontext von „A Day in the Life" dafür, wie die Beatles versuchen, ein kritisches Bewusstsein im Bezug zur Alltagswelt zu generieren. In den ersten Zeilen stehen wir quasi mit in der Menschenmenge, die gebannt auf das Opfer eines Verkehrsunfalls starrt. Es ist eine verstörende Art des Unbeteiligtseins und der Neugier, die das Opfer durch seine Mischung aus Politik und Celebrity entfacht. So entsteht schon in den beiden ersten Strophen das Gefühl einer dem Alltag innewohnenden Sinnlosigkeit, die ähnlich auch in „Eleanor Rigby" anklang.

[274] Randy T. unter "Audience Reviews for How I Won the War", 3.2.2009. Auf: https://www.rottentomatoes.com/m/how_i_won_the_war

„If "A Day in the Life" is about anything, it speaks to the way the daily unfolding of worldly events touches the private fragilities of ordinary people. It's Ulysses in a pop song, the typical day made unforgettable."[275]	Wenn es in "A Day in the Life" um irgendetwas geht, dann handelt es sich um die Art und Weise, wie die alltägliche Entwicklung weltlicher Ereignisse die private Verletzlichkeit normaler Menschen berührt. Es ist „Ulysses" in einem Popsong, ein typischer Tag, der unvergesslich gemacht wurde.

Noch absurder erscheint die Zeitungsnachricht von den „*four thousand holes in Blackburn, Lancashire*" aus der letzten Strophe des Liedes:

„ … back to John with his newspaper. And what does he find? A government tally of imperfections in the surface of English roads. … That the government really was out there in Blackburn, Lancashire, and counting potholes, was the sort of activity that appealed to Lennon's absurdist northern sense of humor. What did it all add up to? Four thousand! What did it all really add up to? A nonsense line about the relationship between holes and Royal Albert Hall's seating capacity. Except decay, holes, people as holes, emptiness, and audi-	… zurück zu John und seiner Zeitung. Und was findet er? Eine regierungsamtliche Zählung von Unebenheiten im englischen Straßenbelag … Dass Regierungsstellen tatsächlich nach Blackburn in Lancashire hinausfuhren und Schlaglöcher zählten, war genau die Art von Aktivität, die Lennons nordenglischen Sinn für Humor und Absurdes ansprach. Und was kam dabei heraus? Viertausend! Und was kam wirklich dabei heraus? Eine Unsinnszeile über die Verbindung zwischen Schlaglöchern und der Bestuhlung der Royal Albert Hall. Statt der Abnutzung, der Löcher – Menschen als Löcher, Leere und Publikum – es ist eine andere Art von Mysterium, die fast sichtbar wird.

[275] Dawidoff, a.a.O.

ence—it's another mystery almost seen."[276]

Die betörende Kraft dieser mysteriösen Aussage wird verstärkt durch die schon angesprochene sinnauflösende Tendenz, die Lautebene von Sprache mehr zu betonen als die Bedeutungsebene. Je mehr der rationale Charakter der Sinnebene verloren geht, umso mehr gewinnt die lautmalerische Magie an Bedeutung. Kein Laut ist mehr sinnlos in der Zeile „now they know how many holes it takes to fill the Albert Hall": *Now* und *know* sind verbunden durch die n-Alliteration, *they*, *many* und *takes* haben ähnlich klingende /äi/-Laute wie die /ou/-Binnenreime von *know* und *holes* und die /au/-Endvokale bei *now* und *how*. In der dritten Zeile fällt die t-Alliteration von *it-takes-to* auf, wobei „it" durch den i-Vokal wiederum mit *fill, many* und *the (= thee)* verbunden ist. Schließlich endet die Lautfolge wieder mit zwei (diesmal offenen) /o/ in *Albert Hall*.

Now they know

How many ho les

It t akes to fi ll

th e Albert Hall

Dazu kommt Lennons unheimliche Stimme, bei der auch George Martin ein Schauer über den Rücken gefahren ist. Sie gehört mit zur Lautebene des Liedes, als Verbindungsglied zwischen Sprache und Musik.

" ... *in this song, it seemed to have the features of several different voices at once—intimate, seductive, raspy, bemused, distanced, and*

In diesem Lied scheint sie Eigenschaften von mehreren Stimmen zugleich zu haben – intim, verführerisch, rauh, verträumt, distanziert und „scheißegal". Es lässt

[276] Dawidoff, a.a.O.

pissed off. Listening to someone achieve that much emotional overlap in sound and depth within such a concentrated amount of space is thrilling."[277]

einem einen Schauer den Rücken herunterlaufen, wenn man hört, wie jemand auf so geringem Raum solch einen variationsreichen Sound und solch eine Tiefe erzeugen kann.

"*I´d love to turn you on*" – Song und Stimme törnen den Zuhörer an, bis er sich in einem orchestralen Crescendo verliert. Aus diesem wird er im Mittelteil herausgerissen, um die Banalität eines Lebens zu sehen, das daraus besteht, dass morgens der Wecker klingelt und man den Bus erreichen muss. Das Ausbrechen aus der Normalität gelingt nur durch das Sich-Hineinversetzen in einen Traum, der andere Wahrheiten zeigt: „*I had a smoke and went into a dream*".

Dass man den Wecker in der fertigen Abmischung tatsächlich hört, ist der Tatsache geschuldet, dass „A Day in the Life" aus zwei unterschiedlichen Songfragmenten entstanden ist. Dadurch wird das Lied auch ein Sinnbild dafür, wie gut sich Lennon und McCartney als Künstler schätzten und verstanden. Sie waren auch in ihrem eigenen Minikosmos bereit, der Maxime des „*Let it out – and Let it in*" zu folgen. Beide gaben ihre Ideen preis und waren bereit, durch die Anregungen des jeweils Anderen ein Werk zu schaffen, das größer ist als die Summe seiner Einzelteile. Drei Wochen brauchten sie, um eine passende Lösung zu finden, wie die beiden Versatzstücke sinnvoll verbunden werden könnten. Auf der Aufnahmespur wurden jeweils 24 Takte für diese Verbindungsstücke reserviert, die vom Roadmanager Mal Evans durchgezählt wurden, was auf der endgültigen Einspielung noch deutlich hörbar ist. Deren Ende markiert der oben erwähnte Wecker, der zufälligerweise perfekt zur nächsten Zeile „*woke up, fell out of bed*" passt.

[277] Dawidoff, a.a.O.

„A sound like the end of the world"[278] schwebte John Lennon für den Zwischenteil vor. McCartney hatte die Idee, dass ein ganzes Symphonieorchester asynchron vom tiefsten zum höchsten Ton aufsteigend die Lücke schließen sollte. George Martin interpretierte die Vorstellungen dahingehend um, dass er zunächst das Orchester halbierte und jedem Musiker die Partitur für ein Glissando notierte. Innerhalb des E-Dur Akkords sollte jedes Instrument nach eigenem Gusto seinen höchstmöglichen Ton erreichen.

So viel Freiheit war für die Berufsmusiker zunächst ungewohnt. Um die Atmosphäre aufzulockern, verpassten die Beatles den Profis Perücken, Plastikbrillen und Pappnasen und erstellten eine psychedelische Lightshow. Die Berufsmusiker konnten sich nur schwer an das Prozedere gewöhnen, aber *„at the end of a festive evening, those in the studio spontaneously applauded the result."*[279] Der Schlussakkord wurde 12 Tage später aufgenommen. Typisch Beatles: Sie hatten sich so viel Mühe mit einer möglichst perfekten Produktion gegeben, aber das Knarren des Klavierschemels, auf dem Ringo nicht bis zum Ende des Akkords still sitzen konnte, wollten sie unbedingt in der Aufnahme belassen.

Goldstein fasst zu Ende seines Artikels die Botschaft von „A Day in the Life" folgendermaßen zusammen:

„... its message is, quite clearly, the flight from banality. It describes a profound reality, but it certainly does not glorify it. ... The song ends on one low, resonant note that is sustained for 40 seconds. Having achieved the absolute peace of nullification, the

... seine Message ist ganz klar die Flucht aus der Banalität. Er beschreibt eine tiefgründige Realität, er verherrlicht sie aber nicht ... Der Song endet auf einem einzigen tiefen nachklingenden Ton, der für 40 Sekunden aufrechterhalten wird. Wenn er den absoluten Frieden der Annullierung erreicht, ist der Erzähler jenseits aller Melancholie. Aber

[278] MacDonald, a.a.O., S.182.
[279] MacDonald, a.a.O., S.183.

narrator is beyond melancholy. But there is something brooding and irrevocable about his calm. It sounds like destruction.[280]

da ist etwas Grüblerisches und Unabänderliches in dieser Ruhe. Das klingt nach Verwüstung.

Dem letzten Satz widerspricht MacDonald meiner Meinung nach zu Recht. Ja, der Erzähler und der Zuhörer sind in dieser Ruhe jenseits aller Melancholie. Die Ruhe ist aber eher meditative Akzeptanz und Transzendenz der „Realität". Sie beschließt die Sgt.-Pepper-Symphonie auf einem entspannten Grundton, bei dem Zuhörer und Welt trotz einer magischen Reise durch die verschiedensten Gemütszustände und Weltsichten wieder eins werden können.

„Though clowded with sorrow and sarcasm, "A Day in the Life" is as much an expression of mystic-psychedelic optimism as the rest of "Sgt. Pepper ..." The fact that it achieves its transcendent goal via potentially disillusioning confrontation with the 'real' world is precisely what it makes so moving."[281]

Obwohl er mit Wolken von Mitleid und Sarkasmus verhangen ist, bleibt der Song „A Day in the Life" genauso ein Ausdruck des mystisch-psychedelischen Optimismus wie der Rest von Sgt. Pepper ... Die Tatsache, dass er sein transzendentes Ziel durch eine potentiell desillusionierende Konfrontation mit der „wirklichen" Welt erreicht, macht ihn gerade so ergreifend.

Den Optimismus, der trotz allem diesem Song, dem Album und der Beatles-Philosophie zugrunde liegt, erkennt auch Jon Pareles in seiner Rezension, wenn er den bezeichnenden Titel wählt: "*The Beatles' 'Sgt. Pepper's Lonely Hearts Club Band' at 50:* ***Still Full of Joy and Whimsy***". (Sgt. Pep-

[280] Goldstein, a.a.O.
[281] Macdonald, a.a.O., S.182.

per´s Lonely Hearts Club Band mit 50: Immer noch voller Freude, Schrulligkeit und guter Laune. Hervorhebungen von mir.)

Nicholas Dawidoff geht noch einmal auf den künstlerischen Wert des Songs ein. Er betont, dass bei dem Prozess des „Let it in – and let it out“ die endgültige Komposition nicht der Inspiration gleichen kann. Nach der Zeitungslektüre muss ein künstlerischer Umwandlungsprozess stattgefunden haben, um eine poetische Qualität zu generieren. Das grüne Gras in Monets Heuhaufen muss lila geworden sein, damit eine Wirklichkeit – die Wirklichkeit des Lichts – umso besser gesehen werden kann. Und die Schlaglöcher aus Lancashire müssen mit den Sitzplätzen der Royal Albert Hall in Verbindung gebracht werden, damit die Absurditäten des Alltags deutlicher erscheinen. Dawidoff beschließt seinen Artikel mit folgenden Worten:

"A Day in the Life" created the understanding that musicians could be as ambitious about the content of rock songs as other artists … In all cases, the goal is to move past literal life into the imagination to render the almost—to express the mysterious ambiguity that is more deeply life. As Giacometti told his biographer James Lord, "The more you struggle to make it lifelike the less like life it becomes. But since a work of art is an illusion anyway, if you heighten the illusory quality, then you come closer to the effect of life." The illusion of something ordinary becomes something

"A Day in the Life" führte zu dem Verständnis, dass Musiker genauso ambitioniert an den Gehalt von Rocksongs gehen konnten wie andere Künstler … In allen Fällen ist das Ziel, das buchstäbliche Leben zu überwinden, um in den Bereich der Imagination vorzudringen, um das Ungefähre zu leisten – um die geheimnisvolle Vieldeutigkeit auszudrücken, die noch eigentlicher das Leben ist. So wie Giacometti seinem Biographen sagte: „Je mehr du dich bemühst, es lebensnah zu machen, je weniger ähnelt es dem Leben. Aber da ein Kunstwerk sowieso eine Illusion ist, gilt: wenn du die illusionäre Seite stärkst, dann kommst du dem Effekt, dass es lebensnah wirkt,

eternal, the forever day—and the song of a lifetime.”[282]

näher.“ Die Illusion von etwas Gewöhnlichem wird etwas Ewiges, der ewige Tag – und der Song deines Lebens.

(111)

Die Verantwortlichen der BBC sahen die künstlerische Seite dieses Meisterwerks nicht. Sie hängten sich auf an der Zeile „*I´d love to turn you on*“, die im Zusammenhang mit „drug addicts“ stehen könnte. Und die BBC wollte deren „bedauernswerten Angewohnheiten“ nicht noch Vorschub leisten durch die Ausstrahlung dieses Songs. So war ein Meisterwerk der Popkultur auf öffentlichen Kanälen nicht zu hören.

[282] Dawidoff, a.a.O.

23rd May 1967

Dear Sir Joseph,

"A Day in the Life"

I never thought the day would come when we would have to put a ban on an EMI record, but sadly, that is what has happened over this track. We have listened to it over and over again with great care, and we cannot avoid coming to the conclusion that the words "I'd love to turn you on", followed by that mounting montage of sound, could have a rather sinister meaning.

The recording may have been made in innocence and good faith, but we must take account of the interpretation that many young people would inevitably put upon it. "Turned on" is a phrase which can be used in many different circumstances, but it is currently much in vogue in the jargon of the drug-addicts. We do not feel that we can take the responsibility of appearing to favour or encourage those unfortunate habits, and that is why we shall not be playing the recording in any of our programmes, Radio or Television.

I expect we shall meet with some embarrassment over this decision, which has already been noted by the Press. We will do our best not to appear to be criticising your people, but as you will realise, we do find ourselves in a very difficult position. I thought you would like to know why we have, most reluctantly, taken this decision.

Warmest regards,

Yours ever,

FRANK GILLARD

(Frank Gillard)
Director of Sound Broadcasting

Sir Joseph Lockwodd, Chairman,
E.M.I. House,
20 Manchester House,
London, W.1.

https://www.beatlesbible.com/songs/a-day-in-the-life/3/

The time has come – the walrus said

The time has come, the Walrus said
To talk of many things:
Of shoes – and ships – and sealing wax –
Of cabbages – and kings –
And why the sea is boiling hot –
And whether pigs have wings.[283]

"*What the hell do you expect me to do with that?*" soll George Martin gesagt haben, als er am 5. September 1967 eine erste Version von "I´m the Walrus" hörte. "*Everyone seemed bewildered. The melody consisted largely of just two notes, and the lyrics were pretty much just nonsense.*" (Alle waren irgendwie verstört. Die Melodie bestand im Großen und Ganzen aus zwei Tönen, und der Text war mehr oder weniger Unsinn.") So erinnert sich Toningenieur Geoff Emerick an das Ereignis.[284]

John Lennon hatte kurz vorher einen Brief des 15-jährigen Stephen Bayley erhalten. Dieser ging auf die gleiche Schule wie Lennon 10 Jahre zuvor und berichtete, dass sein Englischlehrer Beatlessongs als Grundlage für Gedichtanalysen nahm. Die Schüler sollten dann ihre eigenen Interpretati-

[283] Lewis Carroll: „The Walrus and the Carpenter". In: Through the Looking-Glass. Penguin Classics, 1998. S.161.
[284] NN: „100 Greatest Beatles Songs". Rolling Stone, 10.4.2020. https://www.rollingstone.com/music/music-lists/100-greatest-beatles-songs-154008/i-am-the-walrus-180017/

onen schreiben. Stephen kam auf die Idee, sich Hilfe zu suchen beim Autor/Co-Autor dieser Texte, dem berühmtesten Absolventen seiner Schule.

Lennon krümmte sich vor Lachen, weil sein damaliger Klassenlehrer ihm mit auf den Weg gegeben hatte: „*He has too many of the wrong ambitions and his energy is misplaced*“[285], und weil die Beatles sich mit Dutzenden – oft abwegigen – Deutungen herumplagen mussten, die Leute in ihren Liedern gefunden hatten.[286] Trotzdem schrieb er Stephen einen Antwortbrief.

Auf diese Weise wurden die Interpretationsgenies als „experts – texperts“ Bestandteil des neuen Songs. Lennon nahm sich vor, einen Text zu gestalten, an dem sich die Interpretatoren die Zähne ausbeißen würden. Dabei erinnerte er sich an Dylan und seine zum Teil schwer durchschaubaren Metaphern. „*He gets away with murder*“ – warum er dann nicht auch?

Die musikalische Inspirationsquelle war eine Polizeisirene. (Nicht das deutsche tatü-tata, sondern das britische Diidüü-dii-düü-Geheul.) Diese Zwei-Ton-Melodie zieht sich als formgebende Struktur durch das ganze Lied. Sie ist aber nicht nur musikalisches Leitmotiv, sie verweist auch auf inhaltliche Bezüge. Nach dem Tod ihres Managers Brian Epstein und den spürbar werdenden Repressionen des Establishments gegen die Counter-Culture war die Atmosphäre angespannt. Deshalb wird in manchen Artikeln behauptet, dass „Semolina Pilchard“ sich auf den Inspektor Norman Pilcher, Leiter des Drogendezernats bei Scotland Yard, bezieht. Dieser hatte die Festnahmen von John Lennon und Brian Jones[287] zu verantworten – bevor er selbst wegen verschiedener Vergehen im Dienst angeklagt wurde.

---

[285] "100 Greatest Beatles Songs", a.a.O.

[286] Das verrückteste Beispiel: Die "Paul is dead" Debatte.

[287] Mitglied der Rolling Stones, befreundet mit den Beatles, starb wenig später an einer Überdosis.

John Lennon hat sich immer gegen eine Überinterpretation von Beatles-Texten gewandt. Man solle die Lieder für das nehmen, was sie sind: Songs. "*'Walrus' is just saying a dream – the words don't mean a lot. People draw so many conclusions and it's ridiculous.*"[288] ('Walrus' ist nur die Erzählung eines Traums – die Worte bedeuten nicht viel. Die Leute ziehen so viele Schlussfolgerungen, und das ist lächerlich.)

Natürlich lässt dieser als Spöttelei und Parodie gedachte Song viele sprachlos und verwirrt zurück.

(112) 1:00 – 1.58

"*But, even in mockery, they* (the Beatles) *made a memorable psychedelic song. Sure, it isn't everyone's cup of tea, but it is a pure musical comedy. It doesn't take itself seriously and is a mockery of everyone who does. And if we keep that in mind, then the entire meaning of I am the Walrus changes.*"[289]

Aber selbst wenn er nur eine Farce ist, machen die Beatles daraus einen denkwürdigen Song. Natürlich ist das nicht nach jedermanns Geschmack, aber er ist pure musikalische Comedy. Er nimmt sich selbst nicht ernst und verspottet jeden, der das tut. Und wenn wir das im Hinterkopf behalten, ändert sich die ganze Bedeutung von „I am the Walrus".

Der Song bekommt jedoch abgesehen von der „mockery" eine weitere Bedeutung, wenn man anders an ihn herangeht. Dann kann man ihn durchaus ernst nehmen. Lennons Aussage „'*Walrus is just saying a dream*" hilft da weiter, denn

---

[288] Dankanator: "Why Did The Beatles Write "I Am The Walrus"? " Auf: McCartney Times, 5.5.2020. http://www.mccartney.com/?p=15818

[289] Danknator, a.a.O.

man kann diesen Traum nachträumen, oder die Zeilen zur Grundlage von eigenen Träumen und Assoziationen machen.

Walrus ähnelt in seiner Machart verblüffend einigen Bildern von Miró. Beide experimentieren mit Sprache. Bei beiden wird die Bedeutungsebene des Wortzeichens zurückgedrängt zugunsten der Ausdrucksebene. Nach Ferdinand de Saussure[290] sind unsere Wörter Zeichen, die aus zwei Komponenten bestehen: dem *signifiant* und dem *signifié*.

[291]

[292]

[290] Schweizer Sprachwissenschaftler (1857 – 1913), Begründer der modernen Linguistik und Semiotik. Entwickelte im „Cours de linguistique générale" (posthum erschienen) eine Theorie der Sprache als Zeichensystem.

[291] Bildquelle: Wikipedia

[292] Skizze nach de Saussure: Vorstellung und Lautbild. Quelle: Wikipedia.

Beide Komponenten sind notwendig, um ein Wort zu erschaffen: Die Laut- oder Schriftkombination „Bkhgdfusdfu“ ist kein Wort, weil sie keine Bedeutung hat. Das Zeichen „...“ ist kein Wort, weil es kein äußeres Erscheinungsbild (entweder eine Lautfolge oder ein Schriftbild) hat. „Kjøre“ ist kein Wort im Deutschen, weil es keine Bedeutung hat, aber durchaus ein Wort im Norwegischen, wo es „fahren“ bedeutet.

In der Alltagkommunikation spielt die *Bedeutung* die wesentliche Rolle. Man will seinem Kommunikationspartner ja eine Information übermitteln, und die soll er auch verstehen. Der *Laut-/Bildcharakter* der Botschaft ist normalerweise unerheblich.

Die Beatles arbeiten nach Jakobsons[293] Prinzip für poetische Texte: *"Die poetische Funktion überträgt das Prinzip der Äquivalenz von der Achse der Selektion auf die Achse der Kombination."*[294] Das will heißen: Ich wähle die Wörter nicht mehr nur danach aus, dass sie grammatikalisch richtig einen bestimmten Sinn übermitteln wie: „This is Harry, and he is terrible“, sondern achte auf deren Kombination und die Effekte, die sich aus dieser Kombination ergeben. Dann sage ich eher: „Horrible Harry“. [295]

Und wenn ich ausdrücken möchte: „Diejenigen, die meine Texte interpretieren und sich für Experten halten, sind genauso lächerlich wie die, die angeberisch Pfeife rauchen und sich dabei ständig verhusten“, dann mache ich daraus unter Verletzung aller rationalen Regeln: *„expert textpert, choking smokers, don´t you think the joker laughs at you“*.

In dieser Zeile finden sich: die Hervorhebung der Lautebene durch die Binnenreime, die Erfindung des neuen Be-

---

[293] Ein weiterer strukturalistischer Sprachwissenschaftler in der Nachfolge von Saussure (1896-1982).

[294] Roman Jakobson: Linguistik und Poetik, in: Jens Ihwe (Hg.): Literaturwissenschaft und Linguistik. Ergebnisse und Perspektiven, Frankfurt/M. 1971, S. 142-178. S.153

[295] Horrible Harry ist das Standardbeispiel im Strukturalismus geworden.

griffs „texpert“ und eine Abfolge, deren logische Verbindung ich mir selbst erschließen muss, weil eine erklärende Syntax fehlt. So ist ein Text „schöner“ oder ästhetischer geworden, verliert aber an Eindeutigkeit in der Kommunikation. Das kann Fluch und Segen zugleich sein. Entweder lasse ich mich ein auf die kreativen Freiräume, oder ich tue das Ganze als Un-Sinn oder Blöd-Sinn ab.

„Den Beatles als höchst kreativen und innovativen Künstlern gelang es, zur herrschenden Form von Rationalität kritischen Abstand zu wahren und neue Welten der Imagination zu eröffnen …“[296] Das geschieht unter anderem durch eine Aneinanderreihung von Zeichen, Wörtern und Bildern, die man selbst entschlüsseln muss / kann / darf. Hier zeigt sich eine Nähe zu Künstlern wie Miró. 2015 fand in Düsseldorf die Ausstellung „Malerei als Poesie“ statt. Es wurden Werke ausgestellt, in denen Miró Sprache oder Sprachzeichen als Kompositionselemente in seinen Bildern verwendete.

Die Nähe Mirós zur Literatur kam durch die Surrealisten zustande. Ihr Ziel war eine Befreiung der Sprache von Syntax und Sinn. Der Angriff auf den Rationalismus war ihre Provokation. *„Ihre Feier des Automatismus, des Versuchs unter Ausschluss der Vernunft zu schreiben“*, lehnte Miró jedoch ab. *„Dem Dichter Michel Leiris fühlt er sich näher: „Ich denke an unsere Gespräche, als Du mir erzähltest, wie Du mit einem Wort beginnst und beobachtest, wohin es Dich trägt“, schreibt er ihm 1924.“*[297]

In dieser Weise hat auch Lennon komponiert. So unsinnig „Walrus“ auf den ersten Blick erscheint, dem Postulat des Automatismus folgt der Song nicht. Dazu ist er zu sehr durchkomponiert. Für den Text hat Lennon mehrere Anläufe an mehreren Tagen gebraucht. Und ähnlich wie bei „A Day in

---

[296] O´Neill Surber, a.a.O., S.168.

[297] Alexandra Wach: "Joan Miró brachte Malerei und Poesie zusammen". Auf: welt.de, 18.6.2015. https://www.welt.de/regionales/nrw/article142655747/Joan-Miro-brachte-Malerei-und-Poesie-zusammen.html

the Life“ ergeben die Bilder in ihrem Gesamtgefüge ein stimmiges Abbild der Gesellschft seiner Zeit. Auch das zugrundeliegende Motiv der Polizeisirene, das durch den kontrastierenden Einschub des „English garden“ unterbrochen wird, spricht gegen einen Automatismus. Das Zitat „*wie du mit einem Wort beginnst und beobachtest, wohin es dich trägt*“ beschreibt den kreativen Prozess überzeugend.

Miró nutzt den schriftsprachlichen Charakter der Wörter, die Tatsache, dass sie eine **Form** besitzen. Bei Miró **sieht** man Sprachzeichen auf dem Hintergrund der Malerei, bei Lennon **hört** man Lautfolgen auf dem Hintergrund der Musik, er nutzt **die tönende Eigenschaft** der gesprochenen Sprache. Die Zeichen sind / werden selbst Malerei bzw. Musik. Das erklärt Zeilen wie „*Mister City policemen sitting pretty little policemen in a row*“. Die Akkumulation von hörbaren Anreizen wie die /i/- und /s/- Laute oder die /p/-Alliteration sind nicht zufällig, deren Selektion wird bestimmt durch den Lautcharakter der Wörter oder deren „Musik“, während rationale Aspekte in den Hintergrund treten. Es werden Deutungsangebote geschaffen, die mal mehr, mal weniger eindeutig sind.

In Mirós Bild erinnern die grauen Linien am oberen Bildrand durchaus an Schriftzeichen. Ein nicht abwegiges Deutungsangebot ist „España“, verstärkt durch „die gelbe Sonne“ im „Buchstaben P“. Miró und Lennon setzen als Künstler Zeichen, die andere deuten können – wenn sie wollen.

[298]

„It is endlessly analyzable, and yet somehow analysis-proof. Any interpretive effort runs aground on the limits of interpretation."[299]

Es ist endlos interpretierbar, aber irgendwie widersetzt es sich jeder Interpretation. Jeder Versuch einer Interpretation führt zu nichts wegen der Grenzen der Interpretation.

Noch besser beschreibt Alice diese wundersame Begegnung zwischen Werk und Rezipient, wenn sie in „Through the Looking-Glass" das verwirrende Gedicht „*Jabberwocky*" gelesen hat:

"It seems very pretty," ... "but it's rather hard to understand!" (You see she didn't like

Es ist sehr hübsch ... aber es ist ziemlich schwierig zu verstehen. (Offenbar wollte sie nicht zugeben, auch nicht ihr selbst ge-

---

[298] Joan Miró : Femmes et Oiseaux dans la Nuit. 1947.

[299] Ben Zimmer: "The Delights of Parsing the Beatles' Most Nonsensical Song ". In: The Atlantic, 24.11.2017. Auf: https://www.theatlantic.com/entertainment/archive/2017/11/i-am-the-walrus-50-years-later/546698/

to confess, even to herself, that she couldn't make it out at all.) "Somehow it seems to fill my head with ideas—only I don't exactly know what they are!"[300]

genüber, dass sie damit überhaupt nichts anfangen konnte.) Irgendwie habe ich dadurch einen Kopf voller Ideen – nur weiß ich nicht genau, welche das sind!

Richard Goldstein kommt einer Interpretation schon nahe, wenn er die Nähe zu „A Day in the Life" entdeckt und den Gesamttext als Collage von flüchtigen Blicken auf das Leben in England beschreibt. Außerdem muss er zugeben, dass der Song trotz seiner hart zu knackenden Bilder und seiner verstörenden Gesamtkomposition „antörnt":

"... *it (*I´m the Walrus*) is filled with eerie split-second glimpses of English life. This walrus struts, puns, and bristles in perfectly wicked Lennonese ... ``I Am The Walrus'' is a fierce collage ... I don't know what all this means, but it suggests a world much like that of ``A Day In The Life,'' where ... Lennon (now a Walrus...) would like to turn us on. Because he is an artist, he does.* "[301]

... es ist voller gespenstischer Blicke auf das Leben in England, die nur den Bruchteil einer Sekunde dauern. Dieses Walross schreitet, kalauert und sträubt sich in perfekt böser Lennon Manier ... „I´m the Walrus" ist eine wilde Collage ... Ich weiß nicht, was all´ das bedeutet, aber sie deutet auf eine Welt hin ähnlich der in „A Day in the Life", in der ... Lennon (jetzt ein Walross) uns antörnen möchte. Und weil er ein Künstler ist, gelingt ihm das.

Obwohl "Walrus" wie Mirós Bild "*endlessly analyzable*" ist, hier ein Versuch, Teile dieser Collage zu erklären:

---

[300] Lewis Carroll: Alice´s Adventures in Wonderland *and* Through the Looking-Glass. Penguin Classics, 1998. S. 134.

[301] Richard Goldstein: "Are the Beatles waning?" In: The New York Times, 31.12.1967. Auf: https://archive.nytimes.com/www.nytimes.com/library/music/123167lennon-beat.html

I am he as you are he as you are me / And we are all together – erinnert an "We´re all one" aus "Within you and without you", an die Idee der grundlegenden Einheit allen Seins aus dem Vedanta[302] und an die Maxime des Summer of Love.

See how they run like pigs from a gun – spielt an auf die kopflose Hektik des Alltags und dessen immanente Sinnlosigkeit, wie sie auch schon in "I´m only sleeping" thematisiert wurde: "*Runnin' everywhere at such a speed / 'Till they find there's no need*" oder in "Good Morning": "*People running round, it's five o'clock*".

See how they fly – ein Verweis auf die am Anfang des Kapitels zitierte Strophe des Gedichts „*The Walrus and the Carpenter*": "*... and whether pigs have wings*"?

I'm crying – Eine Reaktion auf den Zustand der äußeren Welt, wie in Strawberry Fields: "*misunderstanding all you see*".

Sitting on a corn flake / Waiting for the van to come – Ist es der Lieferwagen mit den Leuten in den weißen Westen, der die Verrückten abholt? Das alte Bild von Genie und Wahnsinn?

Corporation T-shirt, stupid bloody Tuesday – ein Bild für die Kommerzialisierung, auch der Hippie-Mode?

Man you've been a naughty boy / You let your face grow long – Mutlosigkeit entspricht nicht der trotz allem optimistischen Weltanschauung der Beatles, deshalb ist es böse, mit einem langen Gesicht herumzulaufen.

---

[302] Vedanta ist die Philosophie des Absoluten und die Philosophie der Einheit. Vedanta will den Schüler lehren, zu seiner wahren Natur zu kommen; aus der Wahrnehmung der scheinbaren, illusionären Welt herauszukommen und stattdessen Brahman, das Absolute zu erfahren. Siehe: wiki.yoga-vidya.de

I am the egg man – hat Bezüge zu Humpty Dumpty aus „Alice in Wonderland". Auf dem Video zu „Walrus" trägt Lennon aber auch die weiße Mütze der geistig Behinderten, eine „madman´s cap", wie sie im 18. Jahrhundert üblich war. Vielleicht auch wieder das „Genie und Wahnsinn"-Thema. Geniale Köpfe werden ja auch „eggheads" genannt – und John Lennon weist selbst auf diese in seinem Vorwort zu den Goon Scripts hin.

Humpty Dumpty sat on a wall

(113) Albert Einstein

(114) Lennon as Eggman / Madman

I am the walrus – Lennon ist erst später darauf aufmerksam gemacht worden, dass das Walross eigentlich der „baddie“ in der Geschichte ist und der carpenter der „goodie“; trotzdem blieb er bei der Titelwahl: Das surrealistische „*I am the Walrus*“ passt und klingt besser als „*I am the Carpenter*“.

Goo goo g'joob – “Goo goo ga job” sind die letzten Worte Humpty Dumptys, bevor er von der Mauer fällt.

Mister City policeman sitting / Pretty little policemen in a row – Verweis auf die der Musik zugrunde liegenden Sirene und der immer stärker werdenden Präsenz der Polizei bei den Hausdurchsuchungen, den Auflösungen von Demonstrationen (wo sie auch in Reih und Glied auftreten) etc.

Yellow matter custard / Dripping from a dead dog's eye – In Anlehnung an einen Abzählvers aus den Kindertagen in Liverpool; Lennon und sein Freund Pete Shotton erinnerten sich daran, als Lennon den Brief des Schülers bekam, der ihn um eine Textinterpretation bat: “*yellow matter custard/green slop pie/all mixed together/with a dead dog's eye*”; Kommentar von Lennon: Daran sollen sich die Texperts mal die Zähne ausbeißen!

Crabalocker fishwife, pornographic priestess / Boy, you've been a naughty girl, you let your knickers down – Anspielung auf die Pin-Up-Stars auf “Seite 3” der “Yellow Press”, mit der die eher bodenständigen Fishwives ihre Fish´n Chips einwickeln?

Sitting in an English garden / Waiting for the sun – der Gegenpol zum sinnlosen Hin-und Hergerenne der Pigs, auch musikalisch ein melodisch entspannender Gegenpol zur Polizeisirene. Ein mentaler Schutzraum, den der Geist durchstreifen kann, um sich zu regenerieren.

If the sun don't come you get a tan / From standing in the English rain – Ähnelt der Aussage in “Rain[303]”: “*Rain, I don't mind, I can show you, That when it starts to rain, Everything's the same, That when it rains and shines, It's just a state of mind.*” “*'Rain' and 'sun' are physical phenomena experienced in a state of heightened consciousness ... a state of mind in which one is peacefully at home in an integrated universe.*”[304] (Sonne und Regen sind physikalische Phänomene, die im Zustand eines höheren Bewusstseins wahrgenommen werden ... ein Gemütszustand, bei dem man sich ausgeglichen und zuhause fühlt in einem ganzheitlichen Universum.)

Expert, texpert choking smokers / Don't you think the joker laughs at you (ho ho ho, hee hee hee, hah hah hah) – Hier kommen die Pfeife rauchenden Oberlehrer, die sich bei der Textanalyse heftig verschlucken.

See how they smile like pigs in a sty, see how they snide – Sie schnüffeln nach Sinn, sind aber nicht frei in ihrem Stall von Konventionen und Selbstgefälligkeit.

Semolina Pilchard /Climbing up the Eiffel tower - ?

Elementary penguin singing Hare Krishna – Anspielung auf Leute, die wie die Pinguine einem Guru hinterherlaufen. Hier wahrscheinlich eine Anspielung auf Allan Ginsberg. „*The reference to 'Element'ry penguin' is the elementary, naive attitude of going around chanting, 'Hare Krishna,' or putting all your faith in any one idol. I was writing obscurely, à la Dylan, in those days.*"[305] (Der Verweis auf “Element´ry penguin” zielt auf die primitive und naïve Einstellung ab, „Hare Krishna“ – singend herumzulaufen und all deinen Glauben in ein Idol zu setzen. Ich habe damals obskur und undurchsichtig geschrieben, so wie Dylan.)

---

303 B-Seite der Single “Paperback Writer“ aus dem Jahr 1966.

304 MacDonald, a.a.O., S. 157

305 Lennon, Playboy Interview, a.a.O.

Man, you should have seen them kicking Edgar Allen Poe – die "seherischen" Genies werden von der Gesellschaft fertig gemacht.

Slave, Thou hast slain me ... - zufällig gefundener Auszug aus einer "King Lear"-Produktion der BBC.

Für den Text von „Walrus" reißt Lennon Wörter aus ihrem eingefahrenen Kontext heraus und setzt sie so zusammen, dass sich attraktive Soundcollagen ergeben und mit ihnen surrealistische abenteuerliche Bilder, die suggerieren, dass man einen Sinn entdecken kann. Sie sind wie ein Rätsel, das der Hörer je nach eigener Empfindlichkeit und wechselnder Perspektive immer wieder mit neuem Sinn (und neuer Freude) lösen kann. Deshalb sind die oben vorgeschlagenen Erläuterungen auch nur eine persönliche Momentaufnahme.

„Einige der Texte von Lennon erwecken bewusst lediglich die Illusion, einen Sinn (oder eine verborgene Bedeutung) zu haben – die Frage nach ihrem Sinn ist also sinnlos. Nicht sinnlos hingegen ist die Auseinandersetzung mit ihrer Sinnlosigkeit. Die Wörter sagen vielleicht nicht im erwarteten Sinn etwas aus, aber sie bewirken etwas. Auf jeden Fall klingen sie in ihrer Zusammensetzung richtig ..."[306]

Hiwe weist Eodice auf die entscheidende Komponente solcher Wortkompositionen hin, indem er sagt: *„Auf jeden Fall* ***klingen*** *sie in ihrer Zusammensetzung richtig*". Wenn Dylan Sprachkünstler ist und Miró Bildkünstler, sind die Beatles in erster Linie immer noch Lautkünstler. Sie fasziniert das komplexe Verhältnis von Musik und Sprache. Damit sind sie nicht alleine. Eine Entsprechung in der klassischen Musik findet man bei der koreanischen Komponistin Unsuk Chin. Auch für sie ist Sprache *„ein völlig flexibles Material*"[307]. Sie

---

[306] Alexander R. Eodice: „'And of course Henry the Horse dances a Waltz': Lennons lyrische Sprachspiele". In: Baur / Baur, a.a.aO., S. 261/262.

[307] Unsuk Chin: "Ein völlig flexibles Material". Interview. In: Bergische Landeszeitung, 22.04.2017.

kann durchaus losgelöst von der Bedeutungsebene als reine Form erscheinen wie in ihrer Oper „Alice im Wunderland“[308]. *„Hier habe ich Texte von Lewis Carroll vertont und versucht, zu seinen Sprachspielen musikalische Entsprechungen zu finden.*“[309] Nichts anderes machten die Beatles und George Martin mit Lennons Text.

„*What the hell do you expect me to do with that?*” Nach anfänglicher Sprachlosigkeit gelang George Martin eine geniale Produktion für diese Vorlage. Zusammen mit der Musik ergibt sich so ein ästhetisch geschlossenes Ganzes. *„Despite his initial revulsion, Martin composed a masterful orchestral arrangement that felt like vertigo.*”[310] (Trotz seiner anfänglichen Abneigung komponierte Martin ein meisterliches Orchesterarrangement, das schwindelerregend ist.)

Den Grundstein für diesen Vertigo-Effekt hatte Lennon schon mit seiner „Sirenenmelodie“ und den sich ständig subtil ändernden Harmonien gelegt.

(115) 13:03 – 15:25

Dazu kam seine Stimme, die nach Lennons Wunsch klingen sollte wie *„coming from the moon*“. Eine Aufgabe für den Toningenieur Geoff Emerick, der Lennons bissige Stimme mit einem Billigmikrofon aufnahm, so wie man es im Studio für die Ansagen aus dem „Glaskasten“ in Richtung der Künstler benutzt. Damit erreichte er den passenden Grad an Verzerrung und Verfremdung. Um diesen Effekt noch zu unterstüt-

---

[308] Uraufführung 30.06.2007, Bayerische Staatsoper, München.

[309] Unsuk Chin, a.a.O.

[310] NN: “Hundred Greatest Beatles Songs”. Rolling Stone. Music Lists. 10.4.2020. Auf: https://www.rollingstone.com/music/music-lists/100-greatest-beatles-songs-154008/i-am-the-walrus-180017/

zen, buchte George Martin die Mike Sammes Singers, die es gewohnt waren, Partituren „vom Blatt“ zu singen. Für sie notierte er ein Sprechgesang-Arrangement, das als Hintergrund für Lennons Stimme fungiert.

“In his score to “I Am The Walrus,” Martin had the Mike Sammes singers make whooping sounds, laugh, snort, and shout phrases like “Oompah, oompah, stick it up your jumper!” Nothing like this had ever been heard on a popular music recording.”[311]

In seiner Partitur zu “I Am the Walrus“ lässt Martin die Mike Sammes Singers keuchende Laute machen, lässt sie lachen, fauchen und Sätze rufen wie „Oompah, oompah, stick it up your jumper!“ Etwas Vergleichbares hatte es bis dahin niemals gegeben in der Produktion von Popmusik.

John Lennon hatte zum Abschluss der Gesangsaufnahmen eine weitere Idee, die George Martin wieder zur Verzweiflung brachte. In die ohnehin sehr komplexe Produktion von „I am the Walrus“ (8 Geigen, 4 Celli, 1 Klarinette und 3 Hörner waren schon abgemischt) sollten Versatzstücke aus dem Radio live eingespielt werden. Dazu brauchte es eine schriftliche Einwilligung der EMI, um ein Radiogerät, das in den Abbey Road Studios besorgt werden musste, direkt an das Mischpult anschließen zu dürfen. Dann wurde Ringo an den Knopf für den Senderdurchlauf beordert, während John ihn anwies, wann und wie er die Knöpfe zu drehen hatte. Zufälligerweise landete Ringo in einer Aufnahme der BBC von Shakespeares „König Lear“, Akt IV, Szene VI, wo der Haushofmeister Oswald getötet wird.

Slave
Thou hast slain me
Villain, take my purse

[311] Scott Freiman: “10 Things You Didn't Know About ‘I Am The Walrus’". Auf: Deconstructing the Beatles. 1.11.2017.Auf: https://www.beatleslectures.com/new-blog/2018/8/12/10-things-you-didnt-know-about-i-am-the-walrus

If I ever bury my body
The letters which though find'st about me
To Edmund Earl of Gloucester
Seek him out upon the British Party
O untimely death
I know thee well
A serviceable villain, as duteous to the vices of thy mistress
As badness would desire
What, is he dead?
Sit you down, Father, rest you

Zufallsprodukte wie der Wecker und Ringos Stuhlknarzen in „A Day in the Life", die Tonbandfetzen von „Mr. Kite" oder hier die düstere Szene aus „König Lear" geben diesen Kompositionen einen zusätzlichen ganz besonderen und auch emotionalen Touch, denn sie machen sie in dieser Form unwiderrufbar.

"*Representing Lennon´s final high-tide of inspiration for The Beatles, 'I Am The Walrus' is (apart, perhaps, from Dylan´s surrealistic anti-nuclear nightmare 'A Hard Rain´s A-Gonna Fall') the most idiosyncratic protest song ever written. Though its author continued to write exceptional songs for the group, he never rose to this stunning level again.*"[312]

"I Am the Walrus" stellt Lennons abschließenden Höhepunkt seiner Inspiration für die Beatles dar und ist (abgesehen vielleicht von Dylans surrealistischem Anti-Atomwaffen-Alptraum „A Hard Rain´s A-Gonna Fall") der eigenwilligste Protestsong, der jemals geschrieben wurde. Obwohl sein Autor weiterhin außergewöhnliche Songs für die Gruppe schrieb, erreichte er niemals wieder dieses atemberaubende Niveau.

[312] MacDonald, a.a.O., S. 216.

(116)

Let it out and Let it in

"Hey Jude" schafft es selten an die Nummer-Eins-Position der besten Beatles Songs, aber einer der beliebtesten ist er allemal. Entstanden als Trost für John Lennons Sohn Julian nach Lennons Scheidung von seiner Frau Cynthia, dient er hier noch einmal zur Verdeutlichung dessen, was die Beatles zu den Beatles und ihre Musik zu Kunst machte. Denn in eben diesem Song findet man die Zeilen: „Let it out and let in" und „Then you can start to make it better".

"To make it better" sollte Lennons Sohn Julian trösten, der unter der Trennung seiner Eltern litt. Er war der ursprüngliche Adressat. Aber wie alle guten Songs scheint „Hey Jude" jeden Zuhörer zu berühren. „It´s me!", rief John Lennon selbst, als er den Song zum ersten Mal hörte.

"*He (*Paul*) said it was written about Julian. He knew I was splitting with Cyn and leaving Julian then. He was driving to see Julian to say hello... And he came up with 'Hey Jude.' But I always heard it as a song to me.... Think about it: Yoko had just come into the picture. He is saying. 'Hey, Jude'-- 'Hey,*

Er sagte, der Text handle von Julian. Er wusste aber, dass ich mich von Cyn(thia) trennen und Julian dann verlassen würde. Er fuhr zu Julian, um ihm „Hallo" zu sagen ... Und er kam auf die Idee zu „Hey Jude". Aber ich habe das immer als einen Song für mich gehört ... Denk mal nach: Gerade war Yoko aufgetaucht. Er sagt: „Hey Jude – Hey John." Im Unterbewusstsein sagt

John.' Subconsciously, he was saying, 'Go ahead, leave me.' On a conscious level, he didn't want me to go ahead. The angle in him was saying, 'Bless you.' "[313]

er: „Gehe deinen Weg, verlass mich." In seinem rationalen Bewusstsein wollte er mich nicht gehen lassen. Aber der Engel in ihm sagte: „Du hast meinen Segen."

"It´s me!" entgegnete darauf McCartney, weil auch er sich gerade von seiner langjährigen Verlobten Jane Asher getrennt hatte.

Eine weitere Person, die sich als Adressatin sieht, ist die Schriftstellerin Katja Petrowskaja, eine jüdisch-ukrainische Autorin, die ihre Bücher nicht in ihrer Muttersprache, sondern auf Deutsch schreibt. Dadurch ergeben sich für sie beim Wort „Jude" natürlich noch ganz andere Assoziationen. In ihrem Buch „Vielleicht Esther" begibt sie sich auf Spurensuche, um das Schicksal ihrer im 2. Weltkrieg ermordeten Großmutter zu erforschen.

Bei einem Aufenthalt in Kalisz sieht sie die zu Gehplatten verarbeiteten ehemaligen Grabsteine des jüdischen Friedhofs. Als Entsetzen und Trauer in ihr hochkommen, denkt sie an die Zeile *„Anytime you feel the pain – refrain"* aus „Hey Jude". Dieser Ausruf verschafft ihr Trost und einen neuen Optimismus, den sie sich auch für andere im Umgang mit der Vergangenheit wünscht. *„Don´t carry the world upon your shoulder."*

Genauso hat auch für Paul McCartney selbst „Hey Jude" eine sentimentale und trostreiche Erinnerungsfunktion. Er war nicht zufrieden mit der Zeile *„The movement you need is on your shoulder"*, die er zunächst als Lückenfüller betrachtete. Beim ersten Vorspielen wies er John Lennon auf diesen vermeintlichen Schwachpunkt hin.

[313] Playboy Interview with John Lennon and Yoko Ono: Interviewed by David Sheff, September 1980. Published in January 1981. S. 3. Auf: http://www.beatlesinterviews.org/db1980.jlpb.beatles.html

"When I got to the line ... I looked over my shoulder and I said, 'I'll change that, it's a bit crummy. I was just blocking it out,' and John said, 'You won't, you know. That's the best line in it!' That's collaboration. When someone's that firm about a line that you're going to junk, and he said, 'No, keep it in.' So of course you love that line twice as much ... I love those words now... when I'm singing it, that is when I think of John, when I hear myself singing that line; it's an emotional point in the song."[314]

Als ich zu dieser Zeile gelangte ... schaute ich mich um und sagte: Ich werde das ändern, das ist noch etwas mickrig. Es dient nur als Platzhalter." Und John sagte: „Das wirst du nicht tun, das ist die beste Zeile des Songs." So etwas ist echte Zusammenarbeit. Wenn jemand sich so sicher ist bei einer Zeile, die du rausschmeißen wolltest, und der sagt: "Nein, lass sie drin." Dann ist dir diese Zeile doppelt so lieb ... Jetzt liebe ich diese Worte ... und wenn ich sie singe, ist das der Augenblick, wo ich an John denke, wenn ich mich diese Zeile singen höre; es ist eine sehr emotionale Stelle in diesem Lied.

Als meistverkaufter Beatles-Song zieht auch heute noch „Hey Jude" die Menschen in seinen Bann, er darf in keinem McCartney-Konzert fehlen. Und auch in einem simplen Pub verfehlt er nicht seine Wirkung, was der „spontane" Auftritt Pauls im Liverpooler Pub „The Philharmonic" beweist. Dies zeigt sich besonders in den Tränen des weiblichen Fans bei 23:40.

[314] Paul McCartney. In: Barry Miles: Paul McCartney. Many Years from Now. 1997. Auf: The Beatles Bible. https://www.beatlesbible.com/songs/hey-jude/

(117) ab 20:25

Deshalb ist es nicht verwunderlich, dass im Jahr 2015 dieses Lied auf Platz eins der beliebtesten Beatles-Songs bei ITV gewählt wurde, als „The Nation´s Favourite Beatles Number", 45 Jahre nach der Auflösung der Band. Dass zur besten Sendezeit eine 90-minütige Aufzeichnung von Beatles-Songs gesendet wird, zeigt den bleibenden Einfluss dieser Gruppe. Deshalb noch einmal zurück zu Katja Petrowskaja und „Vielleicht Esther".

„Die überraschende Aufrufung des Songs Hey Jude im Kontext des Holocaust-Gedächtnisses sagt einiges über die immense Tragweite der Beatles-Rezeption seit der Trennung der Band im Jahr 1970 aus ... Auch heute noch kennt so gut wie jeder weltweit die Beatles. Kaum jemand, der sie einmal aufmerksam gehört hat, lehnt diese Musiker und ihr Werk ab."[315]

„Die immense Tragweite der Beatles Rezeptsion" führt aber auch zurück zur Frage des ersten Kapitels: *„Could it have been anybody?*" – Hätten es auch Andere sein können? Wie einzigartig waren die Beatles? Wie sähe eine Welt aus, wenn es die Beatles nicht gegeben hätte? Ein mögliches Szenario beschreibt der Film „Yesterday"[316], in dem nach einem Stromausfall die Welt ohne Beatles und ihre Songs dasteht. Hier hat es der Held einfach mit dem „Let it out and let it in". Er muss nur die alten Bealtes-Songs kopieren und vortragen,

---

[315] Jan Süselbeck: „Hey Jude - Ein Panorama der intermedialen Beatles-Rezeption der Gegenwart". Auf: literaturkritik.de, Nr.4, April 2020. Auf: https://literaturkritik.de/hey-jude-anmerkungen-zur-boomenden-beatles-rezeption-der-gegenwart,26592.html

[316] "Yesterday". Regie: Danny Boyle. UK, 2019.

um die Menschen aufs Neue zu erfreuen. Doch der Schaffensprozess des „*Let it out and let it in – Then you can start to make it better*" war bei den Beatles sehr viel anspruchsvoller.

Paul McCartney hat den Zustand des „Let it in" so beschrieben, dass er und die anderen Beatles immer die Antennen ausgefahren hätten, um neue Inspirationen zu entdecken. John Lennon hat die Situation mit den Matrosen im Ausguck hoch oben am Mast eines Schiffes verglichen:

"*Whatever wind was blowing at the time moved the Beatles, too. I'm not saying we weren't flags on the top of a ship; but the whole boat was moving. Maybe the Beatles were in the crow's-nest, shouting, 'Land ho,' or something like that.*"[317]

Welcher Wind zu dieser Zeit auch gerade blies, er bewegte auch die Beatles. Ich behaupte nicht, wir waren die Fahnen oben am Mast; aber das ganze Schiff bewegte sich. Vielleicht saßen die Beatles oben im Ausguck und riefen: „Land in Sicht" oder sowas.

Ja, die Künstler saßen alle in einem Boot, das getrieben wurde von den Strömungen ihrer Zeit. Aber die Beatles waren wahrscheinlich doch „*flags on the top of the ship*". Sie waren nicht nur Getriebene, sie sahen so viele neue und auch für das Pop-Boot unbekannte Küsten, dass sie häufiger „land ho" rufen konnten als andere. Außerdem sahen sie diese unbekannten Gestade nicht nur (Let it in), sie vereinnahmten sie und verarbeiteten sie unbekümmert mutig in so innovativer und kreativer Weise (Let it out), dass ihnen auch der letzte Teil des Zitats gelang: „*Then you can start to make it better.*" So erreichten es die Beatles, uns neue Einsichten in die Musik und Aussichten auf die Welt zu ermöglichen.

„*Everything that passed through their writing and arranging process was so cre-*

Alles, was während des Komponierens und Arrangierens durch ihre Hände ging, wurde so krea-

[317] Playboy Interview, a.a.O., S. 2.

atively reshaped that few other artists of any background ever came close to matching them.[318] *...The Beatles played a large part in advancing (*the revolution in the head*) ... rendering it not only an outstanding repository of popular art but a cultural document of permanent significance.*"[319]	tiv umgestaltet, dass wenige andere Künstler, mit gleich welchem Hintergrund, sich auch nur annähernd mit ihnen messen konnten ... Die Beatles spielten eine große Rolle dabei, die Revolution in den Köpfen voranzutreiben, und machten sie nicht nur zu einem herausragenden Archiv populärer Kunst, sondern auch zu einem kulturellen Ereignis von dauerhafter Bedeutung.

Yoko Ono vergleicht den Prozess des „Let it out" mit der Rolle eines Mediums und erwähnt auch, dass die Beatles sich oft der Bedeutung Ihrer Musik nicht bewusst waren. Das erklärt immer wiederkehrende Aussprüche von Lennon und McCartney, sie wären *„nur eine einfache Band"* und ihre Produktionen *„nur Songs"*, ohne tiefere Bedeutung. Aber entscheidend für eine ästhetische Würdigung ist nicht, was der Künstler bewusst intendierte, als er das Werk schuf. Schon Professor Mellers war sich sicher, dass die musikalischen Finessen bei „She´s Leaving Home" noch nicht einmal hätten benannt werden können von den Beatles. Für ihn war die Sache klar: *„That´s genius, you know. That´s how it happens"*. Essenziell für den Kunstcharakter ist das Werk selbst. Es sind die Möglichkeiten, die dieses Werk dem Rezipienten eröffnet, dort gelungene Strukturen, verdeckte Bedeutungsebenen und innovative Ansätze zu entdecken, die ihm *„le plaisir du texte"*[320] beziehungsweise die Freude an der Musik ermöglichen.

---

[318] MacDonald, a.a.O., S. 9.

[319] MacDonald, a.a.O., S. 33.

[320] Titel eines 1973 erschienenen Essays von Roland Barthes.

„The Beatles themselves were a social phenomenon not that aware of what they were doing. In a way... they were like mediums. They weren't conscious of all they were saying, but it was coming through them."[321]

Die Beatles waren ein gesellschaftliches Phänomen, ohne sich selbst bewusst zu sein, was sie überhaupt taten. In gewisser Weise ... waren sie wie ein Medium. Sie waren sich nicht bewusst, was sie da alles sagten, aber es kam durch sie heraus.

Solche Ansätze führen zurück zur Frage am Anfang des Buches, was gewesen wäre, wenn es keine Beatles im Ausguck des Schiffes gegeben hätte. Kritische Stimmen erinnern uns ja immer daran, dass viele Innovationen nicht eigentlich ihre eigenen waren. Sie verweisen auf Dylans Art, poetische Texte zu schreiben, auf die schwarze amerikanische Musik oder auf Stockhausens Loops. Dem stellt Alexis Petridis gegenüber, dass sie durch eine optimale Ausnutzung der Studiotechnik mit diesen Einflüssen neue Wege gingen, und betont ihren kulturellen, medialen und gesellschaftlichen Einfluss.

... but, aided by the fact that they were just better songwriters and more alive to the possibilities of the studio-as-extra-instrument than anyone else, the Beatles tended to hone those ideas to their point of greatest effect.[322] *... Perhaps the 60s might have swung without them ... but they wouldn't have swung so*

Aber – auch weil sie einfach bessere Songwriter und sich der Möglichkeiten eines Studios als zusätzliches Instrument besser bewusst waren als alle anderen – vervollkommneten die Beatles Ideen bis zu deren größtmöglichen Wirkung ... Vielleicht hätte es die „Swinging Sixties" auch ohne sie gegeben, ... aber sie hätten nicht so dramatisch geschwungen ohne sie. Popmusik

---

[321] Yoko Ono im Playboy Interview. A.a.O., S. 2

[322] Alexis Petridis: "The 60s wouldn't have swung so dramatically". In: The Guardian: "What would the world have been like without the Beatles?" 19.6.2019. https://www.theguardian.com/music/2019/jun/19/the-beatles-the-60s-alternative-history-yesterday-danny-boyle-richard-curtis

dramatically. Pop wouldn't have had anything like the cultural impact that it did, it might have remained a series of scattered developments that never coalesced into a world-shaking force. It needed the Beatles to sort things out."[323]

hätte nie auch nur annähernd die kulturelle Wirkung gehabt, sie wäre wahrscheinlich eine Reihe verstreuter Events geblieben, die niemals zu einer die Welt erschütternden Kraft verschmolzen wären. Es brauchte die Beatles, um das möglich zu machen.

Mit Rückblick auf die Amerikatourneen leuchtet Kitty Empires Ansicht ein, dass ohne die Beatles Pop kein weltumspannendes Phänomen geworden wäre und nie diesen gesellschaftlichen und kulturellen Einfluss gehabt hätte. Ohne die erstmalige Eroberung des amerikanischen Marktes hätte es keine Pop-Kultur mit weltweiter Ausstrahlung gegeben.

"You might argue that, without the lovable mop tops as a vector, there might have been no global pop culture phenomenon, no monster western lifestyle export. If pop had never achieved this hegemonic Beatle moment, it might never have transcended its niche role as mere song: something to record popular memory (folk) or to dance to. Pop would never have become all synecdochally involved with notions of freedom, of sexual liberation, with the counterculture, sitars and yoga. No British Invasion. Pop would have stayed mere background noise: some tunes, pa-

Man könnte behaupten, dass es ohne die adretten Pilzköpfe als Überbringer das globale Phänomen der Popkultur nicht gegeben hätte, nicht diesen gigantischen Export des westlichen Lebensstils. Wenn der Pop diesen übermächtigen Beatlesmoment nicht gehabt hätte, wäre er wahrscheinlich nie aus der Nische eines bloßen Liedchens herausgekommen: etwas, das volkstümliche Erinnerungen aufzeichnet, oder etwas, zu dem man tanzen kann. Pop würde niemals gleichbedeutend verbunden sein mit Begriffen wie Freiheit, sexuelle Revolution, Counter Culture, Sitar und Yoga. Keine britische Invasion. Pop wäre bloße Hintergrundberieselung geblieben: ein paar Melodien, provinziell begrenzt.

[323] Petridis, a.a.O.

rochially limited."[324]

Hinter der Formulierung „*lovable mop tops / adrette Pilzköpfe*" versteckt Kitty Empire den richtigen Hinweis darauf, dass es bei den Beatles nicht nur um Melodien und Kompositionen gegangen ist. Im Eingangskapitel wurde auf die Komplexität des Phänomens Pop-Band hingewiesen. Dazu gehören eben auch Persönlichkeit und gesellschaftliche Einflussnahme. Wären die Beatles nur „Revoluzzer" gewesen, hätten sie ihren „sense of humour" bei den Auftritten in der Öffentlichkeit nicht gehabt, wäre ihr Einflussvermögen viel begrenzter gewesen. Nur so konnte die Weltöffentlichkeit mitgenommen werden auf eine Reise zu neuen Gestaden.

Wie würde sie also aussehen, die Welt ohne Beatles? Ken McNab stellt sich vor, dass ohne die Beatles Elton John und Billy Joel als Pianisten in Hotelbars die Songs von Frank Sinatra und Perry Como spielen, Mick Jagger arbeitet in den oberen Etagen der Büros von Westminster, vielleicht mit einem Hang zu einer politischen Laufbahn, während Keith Richards herumgondelt und Drogenabhängige berät. Und bei den Beatles selbst?

"If he hadn't met Lennon, McCartney could have become an English teacher who dabbled in songwriting on the side, specialising in songs about animals – blackbirds[325]*, raccoons*[326] *and old English sheep-*

Wenn er Lennon nie getroffen hätte, wäre McCartney vielleicht ein Englischlehrer geworden, der nebenbei ein paar Lieder schreiben würde, hauptsächlich über Tiere – Amseln, Waschbären oder alte englische Hirtenhunderassen. Lennon wäre vielleicht ein Stra-

[324] Kitty Empire: "Surfing and skateboarding might have become pop". In: The Guardian: "What would the world have been like without the Beatles?" 19.6.2019. Auf: https://www.theguardian.com/music/2019/jun/19/the-beatles-the-60s-alternative-history-yesterday-danny-boyle-richard-curtis

[325] Anspielung auf „Blackbird" auf dem Weißen Album.

[326] Anspielung auf „Rocky Raccoon", auch auf dem Weißen Album.

dogs[327]*. Lennon could have been a busker outside a barber's shop in Liverpool's Penny Lane, eventually drifting into the world of advertising jingles with Give Peas a Chance*[328]*."*[329]

ßenmusiker vor einem Frisörladen in der Penny Lane, bevor er in die Welt der Werbung abwandert und Jingles schreibt wie „Gib den Erbsen eine Chance".

Glücklicherweise spielte das Schicksal da nicht mit. Es hatte eine märchenhafte "Magical Mystery Tour" vorgesehen für die Band selbst und den Rest der Welt – „satisfaction guaranteed". Die Abbildung der Welt, so wie sie von den Beatles dekonstruiert und neu gestaltet wird, schafft eine neue Realität im Zusammenspiel zwischen Sprache, Wahrnehmung und Musik. Sean Lennon, der Sohn von John und Yoko, sagt zum Einfluss der Musik seines Vaters auf ihn selbst:

"It alters your consciousness," he said. "The veil of mundane reality is being peeled back to reveal something glorious and beautiful that you're a part of. That's what those Beatles records do for me."[330]

Sie verändert dein Bewusstsein. Der Schleier der profanen Wirklichkeit wird zurückgezogen und offenbart etwas Prächtiges und Wunderschönes, von dem wir ein Teil sind. Das ist es, was diese Platten für mich leisten.

---

[327] Eine Anspielung auf den Song "Martha My Dear" (auch auf dem Weißen Album) und seine schottische Hirtenhündin Martha.

[328] Natürlich eines der geliebten englischen Wortspiele und eine Anspielung auf "Give Peace a Chance".

[329] Ken McNab: "Mick Jagger would be working in the City". In: The Guardian: "What would the world have been like without the Beatles?". 19.6.2019. https://www.theguardian.com/music/2019/jun/19/the-beatles-the-60s-alternative-history-yesterday-danny-boyle-richard-curtis

[330] Jordan Potter: "The Beatles song that Sean Lennon said almost puts him in a "trance". In: Far Out. 12.02.2022 21. https://faroutmagazine.co.uk/the-beatles-song-sean-lennon-trance/

René Magritte: Les Mémoires d'un saint, 1960

"A world without the Beatles would be the equivalent of Leonardo never picking up a paintbrush or Shakespeare concluding that Hamlet amounted to vacuous doggerel. They really do inhabit that rarefied atmosphere reserved for history's most treasured cultural artisans. If they hadn't formed, someone would have had to invent them as an antidote to the mundanity of millions of lives."[331]

Eine Welt ohne die Beatles wäre so, als wenn Leonardo nie einen Pinsel in die Hand genommen hätte, oder wenn Shakespeare zu der Überzeugung gekommen wäre, dass Hamlet nichts anderes sein könne als ein geistloser Knittelvers. Sie residieren wirklich in der exklusiven Atmosphäre, die die Geschichte den von uns am meisten geschätzten Künstlern vorbehalten hat. Wenn sie nicht zusammengekommen wären, hätte sie jemand erfinden müssen als Gegenpol zu allem, was langweilig ist und banal in Millionen von Existenzen.

[331] McNab, a.a.O.

(118) 1:24:23 - Schluss

Epilog

Sheenagh Pugh: *Going to Liverpool*[332]

I am a middle-aged woman
Travelling on business
And I´m going to Liverpool,

Where I´ll take time out
To visit Albert Dock[333]
And the museum

Where my youth is preserved.
The fashions I followed,
The songs I knew by heart,

The faces that convulsed
My own screams
And sobs, they´ll all be there.

I´m going to Liverpool,
And it´s autumn.
The fields outside Leominster[334]

---

[332] Nachdruck mit freundlicher Genehmigung der Autorin. In: Bowen / Furniss / Woolley (Hrsg.): Newspaper Taxis. Poetry after the Beatles. 2013. S.13/14.

[333] Hier befindet sich neben anderen Museen die Ausstellung „The Beatles Story".

[334] Kleinstadt in Mittelengland

Lie in stubble, the leaves
Of Ludlow´s[335] trees are jaundiced
And flushed with the fever

That says they´re finished.
The ticket collector
Said Thank you, Madam.

My daughter´s grown up
And my mother´s dead,
And between the pages

Of the notebook
Where I´m writing this
I keep a yellowed ticket

To a match, a picture
Of an actor, Edwin Morgan´s[336] reply
To my fan letter,

And I´m going to Liverpool
Because I´m the kind
That always will.

[335] Kleinstadt in der Nähe von Leominster
[336] Schottischer Dichter (1920 – 2010). Sein Leitspruch: „Change Rules!".

Sheena Pugh: *Ich fahre nach Liverpool*

Ich bin eine Frau mittleren Alters
Bin geschäftlich unterwegs
Und fahre nach Liverpool

Wo ich mir eine Auszeit nehmen werde
Um die Albert Docks zu besuchen
Und das Museum

Da, wo meine Jugend bewahrt wird
Die Mode, die ich mitmachte
Die Songs, die ich auswendig konnte

Die Gesichter, die sich verzerrten
Mein eigenes Geschrei
Mein Schluchzen, all das wird da sein

Ich fahre nach Liverpool
Und es ist Herbst
In den Feldern vor Leominster

Nur Stoppeln, die Blätter
An den Bäumen von Ludlow sind gelb geworden
Und gerötet durch das Fieber

Das ankündigt, dass es mit ihnen vorbei ist
Der die Eintrittskarten kontrollierte
Sagte: „Vielen Dank, Madam“.

Meine Tochter ist groß
Und meine Mutter ist tot
Und zwischen den Seiten

Des Notizbuches
In das ich dies schreibe
Bewahre ich ein vergilbtes Ticket

Für ein Match, ein Bild
Eines Schauspielers, Edwin Morgans Antwort
Auf meinen Fanbrief

Ich fahre nach Liverpool
Und gehöre zu denen
Die das für immer tun.

Anhang

A. Zitierte Schriftquellen

Baird — Dugald: „How International Times sparked a publishing revolution". Guardian, 17.07.2009.

Bernstein — Leonard: In: "Die Beatles beeindrucken mich". Spiegel-Interview, Der Spiegel, 7 / 1967.

Blackmore — Keith: "Please Please Me". Auf: Slow Reviews Part II, 23. 12.2020.

Bowen — Phil: "Editorial". In: Phil Bowen / Damian Furniss / David Woolley (Hrsg.): Newspaper Taxis – Poetry After The Beatles. Bridgend, 2013.

Boyd — Joe: "The London Underground". In: The hard-cover book accompanying the fiftieth anniversary edition of Sgt Pepper. Pepper edition, 2017.

Butler — Bernard: "George Martin: musicians pay tribute to the genius behind the Beatles". The Guardian, 11.03.2016

Carroll — Lewis: „The Walrus and the Carpenter". In: Through the Looking-Glass. Penguin Classics, 1998. S.161.

Charles — Prince of Wales: Foreword. In: More Goon Show Scripts. Written and selected by Spike Milligan. Sphere Books, 1974.

Chin — Unsuk: "Ein völlig flexibles Material". Interview. In: Bergische Landeszeitung, 22.04.2017.

Dankanator — NN: "Why Did The Beatles Write "I Am The Walrus"? " Auf: McCartney Times, 5.5.2020. http://www.mccartney.com/?p=15818

Dawidoff — Nicholas: "How the Beatles Wrote 'A Day in the Life'". In: The Atlantic, May 18, 2017. Auf: https://www.theatlantic.com/entertainment/archive/2017/05/how-the-beatles-wrote-a-day-in-the-life/527001/

De Graaf — Kees: "Bob Dylan and John Lennon". June 27, 2019. Auf: https://www.keesdegraaf.com/media/Misc/1882p17psou9fm1e1d41g5m9gfs11p81.pdf

Decurtis — Anthony: „1962: the year that changed everything". In: The Beatles. Newsweek, 2012.

Egan — Sean: The Mammoth Book of the Beatles. London, 2009.

Elawani — Ralph: “Going Underground: Paul McCartney, the Beatles and the UK Counter-Culture Tom O'Dell”. 2013. . Auf: https://exclaim.ca/film/article/going_underground_paul_mccartney_beatles_uk_counter-culture-directed_by_tom_odell

Empire — Kitty: “Surfing and skateboarding might have become pop”. In: The Guardian: “What would the world have been like without the Beatles?” 19.06.2019.

Eodice — Alexander R.: “And of Course Henry the Horse Dances the Waltz”: Lennons lyrische Sprachspiele.” In: Bauer, Michael und Steven (Hrsg.): Die Beatles und die Philosophie. Stuttgart, 2010.

Everett — Walter: „Fantastic Remembrance in John Lennon's “Strawberry Fields Forever” and “Julia”. In: The Musical Quarterly, Volume LXXII, Issue 3, 1986.

Ferguson — Mike: The Beatles in Elk Horn, Iowa. In: Phil Bowen, Damian Furniss, David Wooley (Hrsg.): Newspaper Taxis – Poetry after the Beatles. Bridgend, 2013.

Freiman — Scott: “10 Things You Didn't Know About ‘I Am The Walrus’". Auf: Deconstructing the Beatles. 01.11.2017. Auf: https://www.beatleslectures.com/new-blog/2018/8/12/10-things-you-didnt-know-about-i-am-the-walrus

Frith — Simon: "1967: The Year It All Came Together". In: The History of Rock, 1981.

Furniss — Damian: On the Cast Iron Shore. In: Phil Bowen / Damian Furniss / David Woolley (Hrsg.): Newspaper Taxis – Poetry After The Beatles. Bridgend, 2013.

Galbraith — Aaron: “Bob Dylan and John Lennon”. June 27, 2019. Auf: Tony Attwood on: Untold Dylan. https://bob-dylan.org.uk/archives/10769

Goldstein — Richard: “The Notorious ‘Sgt. Pepper’ Pan - We Still Need the Beatles, but…”. In: NYT, 01.06.1967.

Goldstein — Richard: “Are the Beatles waning?” In: The New York Times, 31.12.1967. Auf: http://www.richardgoldsteinonline.com/the-original-sgt-pepper-negative-review.html

Greer Bonnie: 'I was shattered' – Paul Weller, Booker T and more on the day the Beatles split - Interviews by Jude Rogers. Guardian, 9-4-2020.

Harris John: “Fab furore: Is it time to re-evaluate the Beatles’ Magical Mystery Tour?” In: Guardian, 25.09.2012.

Harris John: “Imagine there’s no Sgt Pepper. It’s all too easy in the era of Trump and May”. In: The Guardian, 29 Apr 2017.

Harrison George: I Me Mine. Chronicle Books, San Francisco, 2002.

Held Jacob, „All You Need Is Love: Hegel, Liebe und Gemeinschaft“. In: Baur, M./ Baur, St (Hrsg.): Die Beatles und die Philosophie. Stuttgart, 2010.

Higgs John: „Sgt Pepper at 50: How the Beatles masterpiece could unite Brexit Britain”. In: The Guardian, 31 May 2017.

Hutchinson Lydia: “The Sgt. Pepper’s Album Cover: Faces in the Crowd“. March 30, 2018. Auf: https://performingsongwriter.com/sgt-peppers-album-cover/

Jakobson Roman: Linguistik und Poetik, in: Jens Ihwe (Hg.): Literaturwissenschaft und Linguistik. Ergebnisse und Perspektiven, Frankfurt/M. 1971.

Jones Dylan: The Eighties: One Day, One Decade. London, 2014.

Kaiser Daniel: “Sgt. Pepper – Das Beatles-Jahrhundertalbum“. Auf: NDR Geschichte, 26.05.2017. Auf: NDR Geschichte, 26.5.2017. https://www.ndr.de/geschichte/Sgt-Peppers-Das-Jahrhundertalbum,beatles168.html

Kemper Peter: The Beatles. Reclam. 2007.

King Douglas: “Going Underground: Paul McCartney, the Beatles, and the UK Counter-Culture”. Columbia, 2013.Auf: https://www.libraryjournal.com/?reviewDetail=going-underground-paul-mccartney-the-beatles-and-the-uk-counter-culture

Larkin Philip: “Annus Mirabilis”. In: High Windows. 1974.

Larkin Philip: „Only of course they were not altogether ordinary“. In: Observer, 09.10.1983. Zitiert nach: https://amoralto.tumblr.com/post/183316380617/only-of-course-they-were-not-altogether-ordinary

Lennon John: "The Playboy Interviews with John Lennon and Yoko Ono." Putnam Publication Group, 1981.

Lennon John: "The Goon Show Scripts". In: The New York Times, 30.09.1973. Auf: http://www.thegoonshow.net/tributes/john_lennon.asp

Lennon John: In His Own Write. London / New York. 1964.

Levitin Daniel: „Beatles on the brain". In: The Guardian, 02.06.2007.

MacDonald Ian: Revolution in the Head. London, 1994.

McCartney Paul: 50th Anniversary Edition of Sgt. Pepper's Lonely Hearts Club Band. 2017. Booklet.

McCartney Paul: The Lyrics. New York, 2021.

McNab Ken: "Mick Jagger would be working in the City". In: The Guardian: "What would the world have been like without the Beatles?". 19.06.2019.

Mancini John: "Use this lesson from the Beatles' biggest failure to start the new year right - Beatles in "Magical Mystery Tour." 26.12.2017. Auf: https://qz.com/1165660/the-beatles-magical-mystery-tour-can-show-how-to-start-the-new-year-right/

Miles Barry: Pink Floyd: A Visual Documentary. Omnibus press, 1981.

Miles Barry: Paul McCartney. Many Years From Now. 1997.

Miscampbell Norman: Unterhausredebeitrag vom 19.06. 1964. In: Hansard. Protokolle der Parlamentsdebatten 1803-2005. HC Deb 19 June 1964 vol 696 cc1738-92. Auf: https://api.parliament.uk/historic-hansard/commons/1964/jun/19/automation

Morley Paul: „Imagine a world without the Beatles". In: The Observer, 06.09.2009.

Moss Trevor / Lou, Hannah. In: MOJO "The Beatles re-recorded", July 2013.

Norman Philip: „How the Beatles' Love Me Do began the transformation of British music". In: The Guardian, 04.10.2012.

Odell Michael: „Percy Thrillington, Magritte & me". In: The Guardian, 29.11.2008. https://www.theguardian.com/music/2008/nov/29/paul-mccartney-the-fireman-interview

Philipp / Rapp, Tobias: "Ein Jahrzehnt für die Ewigkeit".

Oehmke In: Der Spiegel, 21 / 2010.

O´Hagan Sean: "Astrid Kirchherr: a stylish outsider who saw beauty in the Beatles". In: The Guardian, 19.04.2020.

O'Neill Surber, Jere: " 'I´d Love to Turn You On': Die Beatles und die Ethik der Bewusstseinserweiterung". In: Baur / Baur (Hrsg.)

Pareles Jon: "The Beatles' 'Sgt. Pepper's Lonely Hearts Club Band' at 50: Still Full of Joy and Whimsy". In: New York Times, May 30, 2017. Auf: https://www.nytimes.com/2017/05/30/arts/music/beatles-sgt-peppers-lonely-hearts-club-band-anniversary.html?action=click&module=RelatedCoverage&pgtype=Article®ion=Footer

Petridis Alexis: „The Beatles in mono". In: The Guardian, 03.09.2009.

Petridis Alexis: "The 60s wouldn't have swung so dramatically". In: The Guardian: "What would the world have been like without the Beatles?". 19.6.2019.

Pilz Michael: "Ohne ihn wüsste niemand, was die Beatles sind". In: welt.de, 9.3.2016.

Pollack Allan W.: "Notes on 'She Loves You'". In: Soundscapes.info. http://www.icce.rug.nl/~soundscapes/DATABASES/AWP/sly.shtml

Potter Jordan: "The Beatles song that Sean Lennon said almost puts him in a "trance". In: Far Out. 12.02.2022 21. https://faroutmagazine.co.uk/the-beatles-song-sean-lennon-trance/

Pugh Sheenagh: "Going to Liverpool". In: Bowen / Furniss / Woolley (Hrsg.): Newspaper Taxis. Poetry after the Beatles. 2013.

Reed Ryan: In: "50 Years Ago: The Beatles Play 'Rattle Your Jewelry' Concert". https://ultimateclassicrock.com/the-beatles-play-rattle-your-jewelry-concert/

Rosoff Matt: "The Music And Books That Inspired Steve Jobs". Auf: Insider, 08.11.2011. https://www.businessinsider.com/steve-jobs-music-books-2011-11?op=1

Rybaczewski Dave: “Norwegian Wood History”. In: Beatles Music History. Auf: http://www.beatlesebooks.com/norwegian-wood

Savage John: „They could be a street gang“. In: The Guardian, 11 June 2011.

Savage Mark: “Without George Martin, The Beatles would have been a very different band.” BBC News, Entertainment and Arts, 9.3.2016.

Scorsese Martin: Zitat in: “The Beatles - Magical Mystery Tour Revisited Rockumentary”. BBC Arena, 6.10.2012. Auf: https://www.bitchute.com/video/TKRTfbYsCb48/

Sheff David: „Interview with John Lennon and Yoko Ono”. In: Playboy, September 1980. Auf: http://www.beatlesinterviews.org/db1980.jlpb.beatles.html

Sheffield Rolf: “How George Martin Changed the World”. In: Rolling Stone, 09.03.2016.

Shelden Michael: England, the 1960s, and the Triumph of the Beatles. Course Guidebook. Chantilly, VA., 2020. . Auf: https://secureimages.teach12.com/CourseGuideBooks/DG30110_2H3V1D.pdf

Stummer Robin: „Interview: How I drew a pop art masterpiece for the Beatles – a snip at just £50”. In: The Observer, 24.06.2016.

Süselbeck Jan: „Hey Jude - Ein Panorama der intermedialen Beatles-Rezeption der Gegenwart“. literaturkritik.de, Nr.4, April 2020. Auf: https://literaturkritik.de/hey-jude-anmerkungen-zur-boomenden-beatles-rezeption-der-gegenwart,26592.html

Surber Jere O’Neill: “‘I´d Love to Turn You On’: Die Beatles und die Ethik der Bewusstseinserweiterung“. In: Baur, M./ Baur, St (Hrsg.): Die Beatles und die Philosophie. Stuttgart, 2010.

Taysom Joe: “The song Bob Dylan wrote to make fun of John Lennon”. In: Far Out, 2021. Auf: https://faroutmagazine.co.uk/bob-dylan-song-making-fun-of-the-beatles-john-lennon/

Thomas Richard F.: “Why Bob Dylan Matters”. In: Bob Dylan’s Best Songs: Fourth Time Around. Auf: https://alldylan.com/bob-dylans-best-songs-fourth-time-around/

TTucker (ohne Vorname): „The Beatles' Revolver and the Universal". In: The Culture Club, November 28, 2009. Auf: http://www.theculturedub.net/2009/12/03/analysis-eleanor-rigby-by-the-beatles/

Urban Keith. In: NEWSWEEK (Special Edition): „The Beatles". 2012.

Wach Alexandra: "Joan Miró brachte Malerei und Poesie zusammen". Auf: welt.de, 18.6.2015. https://www.welt.de/regionales/nrw/article142655747/Joan-Miro-brachte-Malerei-und-Poesie-zusammen.htmlf:

Welch Chris: "New Singles from the Stones, Monkees, Jimi Hendrix et al". Melody Maker, 19.08.67.

Young Jeff: Ghost Town. A Liverpool Shadowplay. Little Toller Books, Ford, 2020.

Zimmer Ben: "The Delights of Parsing the Beatles' Most Nonsensical Song ". In: The Atlantic, 24.11.2017. Auf: https://www.theatlantic.com/entertainment/archive/2017/11/i-am-the-walrus-50-years-later/546698/

(Alle Übersetzungen aus dem Englischen von mir.)

B. Die QR-Codes in der Abfolge ihres Erscheinens

1. Forrest Gump Opening Scene (Feather at the Bus Stop) - Forrest Gump (1994) - Movie Clip HD Scene. https://www.youtube.com/watch?v=7IIBp1HQlWQ
2. Rock N' Roll (I Gave You The Best Years Of My Life) , Mac Davis , 1974. https://www.youtube.com/watch?v=mwfmsh2Hc1c
3. The 60s,The Beatles Decade Episode1 Teenage Rebels 2. https://www.youtube.com/watch?v=oCh9Kocv_mQ
4. "It Was Twenty Years Ago Today" - part 2 of 8.mpg. https://www.youtube.com/watch?v=LDyeldkumal
5. A Hard Days Night - Funny Moments. https://www.youtube.com/watch?v=Yxq40ZYlibw
6. A hard day's night - "Interview". https://www.youtube.com/watch?v=fl9k3gL6vxw
7. Napoleon's Piano. https://www.youtube.com/watch?v=MOyj1ZAl1mg
8. The Beatles Christmas Message 1964. https://www.youtube.com/watch?v=zqM-VcwMLDw
9. The Beatles Christmas Message 1965. https://www.youtube.com/results?search_query=the+beatles+christmas+message+1965
10. This is Not a Pipe, 1929. Rene Magritte (1898-1967). https://www.topofart.com/artists/Rene-Magritte/art-reproduction/18118/This-is-Not-a-Pipe.php
11. The Beatles: a musical appreciation and analysis by composer, Howard Goodall CBE. https://www.youtube.com/watch?v=ZQS91wVdvYc
12. You Know My Name (Look Up The Number). https://www.youtube.com/watch?v=iMhKWOP6EZQ
13. The Goons - The Ying Tong Song. https://www.youtube.com/watch?v=33-fVsL5Kdc
14. The Beatles - Magical Mystery Tour (Trailer). https://www.youtube.com/watch?v=K2xpbKBuTEw

15. The Beatles - Magical Mystery Tour Revisited Rockumentary. https://www.bitchute.com/video/TKRTfbYsCb48/
16. Fab furore: Is it time to re-evaluate the Beatles' Magical Mystery Tour? https://www.theguardian.com/music/2012/sep/25/beatles-magical-mystery-tour
17. english tea - paul mccartney. https://www.youtube.com/watch?v=sa3D1OrZZpo
18. Constable Bilder: John Constable. https://www.atlasofplaces.com/painting/landscape-and-place/
19. Sir George Martin on Peter Sellers and The Beatles. https://www.bbc.co.uk/programmes/p00gj37z
20. Hamburg Days Prints: https://www.genesis-publications.com/print/hamburgdaysprints/hamburg-days-prints
21. Don't Mention the War! | Fawlty Towers | BBC Comedy Greats. https://www.youtube.com/watch?v=yfl6Lu3xQW0
22. Klaus Voorman on working with the Beatles. https://www.youtube.com/watch?v=dCtiN-SByRU
23. Astrid Kirchherr: a stylish outsider who saw beauty in the Beatles. https://www.theguardian.com/artanddesign/2020/may/19/astrid-kerchherr-photographer-the-beatles
24. Klaus Voormann & Paul McCartney in Hog Hill Mill Studios circa 2008. https://www.youtube.com/watch?v=YhZZiMOy334
25. Complete Interview with Ken Dodd 1963 - The Beatles [Eng/Spa Subtitles]. https://www.youtube.com/watch?v=VgiiSfrf3So
26. George Martin Reveals the Secrets Behind "Yesterday" | Docs That Rock.
27. Sir George Martin on meeting wife Lady Judy Martin. https://www.bbc.co.uk/programmes/p00gj41k
28. Sir George Martin's early days. https://www.bbc.co.uk/programmes/p00gj3jf
29. 2012 Paul, Ringo, and George Martin Highlights. https://www.youtube.com/watch?v=YpRvLdQ2jg8

30. How George Martin Changed the World. https://www.rollingstone.com/music/music-news/how-george-martin-changed-the-world-235359/
31. I Saw Her Standing There (Remastered 2009). https://www.youtube.com/watch?v=oxwAB3SECtc
32. Paul McCartney - I Saw Her Standing There (Live at the Cavern Club - 1999). https://www.youtube.com/watch?v=LbC0evIHkDo
33. Philip Larkin (1922-1985) Annus Mirabilis. https://www.wussu.com/poems/plam.htm
34. BEATLES LIVE 1963: She Loves You & Twist and Shout in Gorgeous Color! https://www.youtube.com/watch?v=puqPTZbAXi8
35. PETER SELLERS She Loves You. https://www.youtube.com/watch?v=HqzMqAi_ZXE
36. How To Sing a Cover of The Word Beatles Vocal Harmony. https://www.youtube.com/watch?v=b1ktSH1xfvg
37. The Word (Remastered 2009). https://www.youtube.com/watch?v=RfBEqiEhCgM
38. Because (Anthology 3 Version). https://www.youtube.com/watch?v=TmZw8BuqU10
39. The Beatles: a musical appreciation and analysis by composer, Howard Goodall CBE. https://www.youtube.com/watch?v=ZQS91wVdvYc
40. Beatles How to Sing Because Vocal Harmony Cover. https://www.youtube.com/watch?v=nuGS1n6P_BU
41. The End (Remastered 2009). https://www.youtube.com/watch?v=12R4FzlhdoQ
42. MM 10/7/15 - The Beatles Receive their MBE's - Beatlemania scenes! https://www.youtube.com/watch?v=voOWNrhyho4
43. Beatles MBE Interview #2. https://www.youtube.com/watch?v=pCJTjy7kYiQ
44. Beatles MBE Interview #1. https://www.youtube.com/watch?v=B7YlaCaikAs
45. Beatles Get Show Biz Top Award (1964). https://www.youtube.com/watch?v=AafxlQxXKmE

46. Princess Margaret Meets The Beatles. https://www.gettyimages.de/detail/nachrichtenfoto/princess-margaret-greets-the-beatles-ringo-starr-paul-nachrichtenfoto/1998730
47. The Beatles live on the Royal Variety Show in colour. https://www.youtube.com/watch?v=dRr5uCSBvhw
48. A Hard Day's Night - Sub. Español - Parte 1
49. /9. https://www.youtube.com/watch?v=pC78ivNiP28
50. Poetry by John Lennon - Fair View. http://itemequalstotem.blogspot.com/2011/03/poetry-by-john-lennon.html
51. Interview John Lennon about his Book. https://www.youtube.com/watch?v=d1SjHkEepuk
52. Drive My Car (Remastered 2009). https://www.youtube.com/watch?v=kfSQkZuIx84
53. Norwegian Wood (This Bird Has Flown). https://www.youtube.com/watch?v=Y_V6y1ZCg_8
54. Lennon mit Dylan-Mütze und Buch. https://www.pinterest.se/pin/706080047802846976/
55. Dylan: You´re No Good. https://alldylan.com/the-songs-he-didnt-write-bob-dylan-youre-no-good/
56. Text: Lennon/McCartney: Norwegian Wood. https://www.songtexte.com/songtext/the-beatles/norwegian-wood-this-bird-has-flown-6bd292ea.html
57. Text: Bob Dylan: Fourth Time Around. https://www.songtexte.com/songtext/bob-dylan/4th-time-around-33d5e8f5.html
58. When legends speak of legends. https://beatlesdaily.com/2019/04/18/when-legends-speak-of-legends-bob-dylan-and-john-lennon/amp/
59. Gotta Serve Somebody. Songtext von Bob Dylan. https://www.songtexte.com/songtext/bob-dylan/gotta-serve-somebody-23d5e813.html
60. Serve Yourself – John Lennon. https://www.youtube.com/watch?v=8tMO_A44r3A

61. Lennon: Serve Yourself. https://www.songtexte.com/songtext/john-lennon-and-yoko-ono/serve-yourself-home-recording-1980-43b44f3f.html
62. Bob Dylan's Tribute to John Lennon (murdered 8th Dec.1980)- "Roll on John"-Live Debut Blackpool 2013. https://www.youtube.com/watch?v=25vvCs_lxuw
63. Roll on, John – Songtext von Bob Dylan. https://www.songtexte.com/songtext/bob-dylan/roll-on-john-4311a74b.html
64. Beatles: CBS Sunday Evening News Report on Beatle Invasion. https://www.youtube.com/watch?v=dG6m9jcXkz4
65. The Beatles encounter a segregated America in 1964. https://www.youtube.com/watch?v=UHIDnFd3Ltw
66. Ron Howard's "Eight Days A Week: The Touring Years" featuring Dr. Kitty Oliver (Race AND Change). https://www.youtube.com/watch?v=mAR5jAHtmSo
67. Review of "Eight Days A Week" film. https://www.youtube.com/watch?v=9obw3glWWhY
68. CBS News reports on the Beatles in 1964. https://www.youtube.com/watch?v=ehNn4v9QxB0
69. WORKING CLASS HERO. (Ultimate Mix, 2020) - John Lennon/Plastic Ono Band (official music video HD). https://www.youtube.com/watch?v=iMewtlmkV6c
70. A Hard Day's Night~Funny George Harrison Scene. https://www.youtube.com/watch?v=QREeweMWTZk
71. The Beatles. Live At The Washington Coliseum, 1964. https://www.youtube.com/watch?v=b8jzt_xUEdM
72. beatles shea stadium. https://www.youtube.com/watch?v=n5Oy3T6u6SU
73. A Decade To Remember - The Sixties 2. https://www.youtube.com/watch?v=rHfaXuFE2fU
74. Rare John Lennon Interview Footage. https://www.youtube.com/watch?v=XGUK2agwUPs
75. Review of "Eight Days A Week" film. https://www.youtube.com/watch?v=9obw3glWWhY

76. The Beatles news press conference at the Kennedy Airport, New York, on arrival in America, 7th February 1964. https://www.youtube.com/watch?v=XGUK2agwUPs
77. Beatles Los Angeles Press Conference 1966. https://www.youtube.com/watch?v=XGUK2agwUPs
78. The Beatles // Interview Collection 2/2. https://www.youtube.com/watch?v=XGUK2agwUPs
79. John Lennon / Beatles 1966 / Jesus statement. https://www.youtube.com/watch?v=XGUK2agwUPs
80. John Lennon Bigger than Jesus-Interviews. https://www.youtube.com/watch?v=XGUK2agwUPs
81. August 13 In Radio History. http://mediaconfidential.blogspot.de/2014/08/august-13-in-radio-history.html
82. The Beatles return from the Philippines . https://www.youtube.com/watch?v=XxAR1n6WoOk
83. The Beatles attacked in Manila. https://www.youtube.com/watch?v=1Cpp9BbnQ5k
84. I'm only sleeping. https://www.youtube.com/watch?v=BT5j9OQ7Sh0
85. Why Beatles stopped touring. https://www.youtube.com/watch?v=VtCiQoKykf0
86. A Hard Day's Night - All Music Scenes. FULL HD. 1080p. https://www.youtube.com/watch?v=VtCiQoKykf0
87. Beatles: CBS News "30 Years Ago" Invasion Report. https://www.youtube.com/watch?v=w88VXGTrQ5c
88. The Unanswered Question 1973 5 The XXth Century Crisis Bernstein Norton. https://www.youtube.com/watch?v=kPGstQUbpHQ&list=PLmqNiMB8I_8WHob_6paUfZjT2d4MtySk9
89. The Beatles: a musical appreciation and analysis by composer, Howard Goodall CBE. https://www.youtube.com/watch?v=ZQS91wVdvYc
90. Siehe 89

91. Making of "Tomorrow never knows" (Beatles). https://www.youtube.com/watch?v=Nf3eZ_WRWYg
92. Siehe 89
93. Klaus Voorman on working with the Beatles. https://www.theguardian.com/music/video/2009/sep/04/the-beatles-klaus-voorman
94. https://www.voormann.com/portfolio-items/1966-revolver-cover/
95. The Beatles: a musical appreciation and analysis by composer, Howard Goodall CBE. https://www.youtube.com/watch?v=ZQS91wVdvYc
96. Going Underground: Paul McCartney, the Beatles, and the UK Counterculture preview. https://www.youtube.com/watch?v=k6frS-DXtMY
97. International Times: highlights from the early years. https://www.theguardian.com/media/gallery/2009/jul/15/international-times-magazine
98. Siehe 100
99. Paul McCartney LSD interview. https://www.youtube.com/watch?v=Y4CRTTr4UcE
100. Paul Gets Back. https://wror.com/galleries/paul-mccartney-beatles/paul-gets-back/
101. The Rolling Stones - We Love You (Official Lyric Video). https://www.youtube.com/watch?v=PEB5P-4V81M
102. Strawberry Fields Forever Songtext. https://www.songtexte.com/songtext/the-beatles/strawberry-fields-forever-6bd292e6.html
103. https://kiteprint.com/products/being-for-the-benefit-of-mr-kite-limited-edition-letterpress-print
104. Howard Goodall's 20th Century Greats the beatles. https://www.youtube.com/watch?v=4VY3Zl-sfv0
105. Being For The Benefit Of Mr Kite!: Recording Session. https://www.youtube.com/watch?v=JAr7M3bMq38
106. The Beatles - Strawberry Fields Forever. https://www.youtube.com/watch?v=HtUH9z_Oey8

107. The Making Of Sgt Pepper Album Documentary. https://www.youtube.com/watch?v=Iqkth_fqN1Y
108. Why Hitler, Leo Gorcey and Jesus weren't on the cover of Sgt Pepper's Lonely Hearts Club Band. https://www.mirror.co.uk/3am/celebrity-news/50-facts-beatles-sgt-peppers-10253879
109. Wifrid Mellers She's Leaving Home It Was Twenty Years Ago Today Beatles. https://www.youtube.com/watch?v=pRywZdHwOy8
110. https://www.songtexte.com/songtext/the-beatles/a-day-in-the-life-7bd292e4.html
111. The Beatles - A Day In The Life. https://www.youtube.com/watch?v=usNsCeOV4GM
112. KIDS REACT TO THE BEATLES. https://www.youtube.com/watch?v=_M9US-cXJMo
113. Albert Einstein. https://www.reddit.com/r/a:t5_2tq47/comments/qw2mk/albert_einstein/
114. Eric Burdon, el “Eggman” sexual de la canción “I Am the Walrus”. https://www.sopitas.com/noticias/eric-burdon-el-eggman-sexual-de-la-cancion-i-am-the-walrus/
115. The Beatles: a musical appreciation and analysis by composer, Howard Goodall CBE. https://www.youtube.com/watch?v=ZQS91wVdvYc
116. The Beatles - I Am The Walrus (Official Video 4K / 1967). https://www.youtube.com/watch?v=TKuvJLTeJYY
117. Paul McCartney Carpool Karaoke. https://www.youtube.com/watch?v=QjvzCTqkBDQ
118. The Nation's Favourite Beatles No. 1. https://www.youtube.com/watch?v=t1BEIbtoqK0

X71. + X72. Beatles shea stadium. https://www.youtube.com/results?search_query=beatles+shea+stadium

C. Die drei grundlegenden Werke

The Beatles Anthology. DVD, Englisch mit Untertiteln. Apple, 2003. Dokumentarfilm-Serie auf 5 DVDs.

Ian MacDonald: Revolution in the Head: The Beatle's Records and the Sixties. London, 1994. Deutscher Titel: "The Beatles. Das Songlexikon".

"Every little thing is a gem in Ian MacDonald's mini-essay collection about the songs of the Fab Four." (The Guardian)

Howard Goodall: The Beatles: a musical appreciation and analysis by composer, Howard Goodall CBE.
https://www.youtube.com/watch?v=ZQS91wVdvYc.

Die Bilder auf den Seiten 22, 23, 171, 231, 252 und auf dem Frontcover sind lizensiert durch die *VG Bild-Kunst*, Bonn, die auf den Seiten 76 und 234 durch *alamy.*

(Letzter Zugriff auf alle Internetquellen: 20.12. 21)

Vollständiger Text (Damian Furniss)

On the Cast Iron Shore

Liverpool stares out New York
As if the Mersey doesn´t end
Where it tips into the Irish Sea
But deep veins the Atlantic shale
And throws up in Hudson Bay,

Hung up on cotton and slaves
And vinyl the spin-offs of slaves
Cut and canned, their grooves
A trade for a jump on the docks
In blue jeans that cry America!

John and Paul on the Cast Iron Shore
Manhattan sand beneath their feet
Skimming stones at sheets of tin:
The walls of Jericho come tumbling down
In a din they call America!

America, where even busboys
Own swimming pools, the cars
Are big as busses, jelly babies
Are flavoured a thousand shades,
And babies weaned on the blues.

America, the land Chuck sold to Elvis
And Elvis sold on to the Beatles
And the Beatles sold back to America
With a grin and a tapered-in suit
Kicking from the heel of a Chelsea boot

And into America: the lion´s mouth
Of the Coliseum is ready to roar,
Iflewild has laid out the tongue
Of its asphalt carpet, and teens
Scent something to sink their teeth in.

America, where Klansmen burn effigies
Of the men they are growing into
Where Jesus looks like the men
They´ll become, when becoming
More like Jesus is the new religion.

If they have a dream, let´s call it
America, where their stories end,
As the story of America has to end,
Stalked by a disease there´s no cure for,
Within you or without you.

Damian Furniss: "On the Cast Iron Shore". In: Phil Bowen / Damian Furniss / David Wooley: Newspaper Taxis. Poetry After The Beatles. SerenBooks, 2013. S. 20/21.